まず薬局へおいでなさい

——薬学の巨人 清水藤太郎

天野 宏　百瀬弥寿徳［著］

みみずく舎

清水藤太郎
1886（明治 19）. 3. 30〜1976（昭和 51）. 3. 1

目次

目　次

目次

プロローグ

昭和四十六（一九七一）年六月初め、岐阜県羽島郡川島町（現・各務原市）のエーザイ川島工園の一角に白川郷の合掌造りをモデルに建設された六階建てビルの中は、熱気に溢れていた。日本初となる、薬に関する資料を集めた「内藤記念くすり資料館」（現・くすり博物館）の開館を十二日に控え、若い学芸員やスタッフらが貴重な図書の分類や配架の作業に追われていた。図書目録の作成にも手間がかかって、予定より大幅に遅れており、焦りも見られた。

その中で、上背のある白髪の老人が、腰を屈め、一冊一冊、ぺらぺらとページをめくり、中を見ながら本を配架している姿がひときわ目立った。若いスタッフはスリッパや運動靴を履いて作業していたが、地下足袋に紺の作業ズボン姿であるのも人の目を引いた。

開館に間に合わせるため、作業の間、無駄口を叩く者は誰もいなかったが、スタッフの唯一の憩いである昼食の時間と三時のお茶の時間には、あちこちで若い声が飛び交ってにぎやかになった。昼食の時間には老人の姿はどこかへ消え、午後一時少し前には戻って再び黙々と作業を続けた。三時の休み時間に女性スタッフが「お茶の時間になりました。休憩してください」と、屈み込んでいかにも〝老人〟の耳元でささやくように声をかけた。実際、よく聞こえないようで、大きな耳に手をやり、首を少し傾けて「うん、うん」とうなずくものの、「いいよ、いいよ、君たちだけでやりなさい」と一人、仕事を黙々と続けた。若い人たちはテーブルを囲んで座り、遠慮がちにお茶とお菓子に手をつけた。

この老人こそ、薬史学の分野で世界でも著名な、八十五歳になる清水藤太郎《しみずとうたろう》だった。東邦大学名誉教授を務める傍ら、横浜の馬車道で平安堂薬局を経営する薬剤師で、営業を始めて七年になる東海道新幹線を使い、新横浜駅から岐阜羽島駅まで、泊まりがけで開館の手伝いに来ていた。高齢であるため、同じ薬学の道に入った愛孫の良夫が付き添った。学生の頃から何度も古書、和書の虫干しなどを手伝ってくれていたので、劣化しかけた和書の扱いにも慣れていた。また、若いだけに仕事の段取りもよいだろうから安心して作業を進められそうだと思うと、心強かった。

藤太郎が資料館の開館にこだわったのには、それなりの理由があった。戦後、京都で開かれた日本薬学会総会の展示で、多くの金看板、宣伝ポスター、製剤機械・器具などの陳列を見た際、戦争中、横浜の大空襲で貴重な資料を失ったことを思い出した。そのとき、形あるものはいずれも焼失する可能性があり、それを防ぐためにはわが国にも一つでもよいから、薬に関する不燃性の資料館を創設する必要があると考えて、薬業新聞に投稿した。それがエーザイの内藤豊次会長の目に留まり、実現したのである。

ライブラリーは、これまで藤太郎自らが蒐集した和書三二三〇点、洋書六四七点の三八七七点のほかに、雑誌数千点、さらに自らが執筆した書籍など約六千点を中心に構成された。しかも、薬局にちなんで「平安堂文庫」と名づけられて残ることになった。六十年近くかけて集めた薬学史、医学史、薬制、薬局経営、調剤学、和漢薬、漢方医学、化学、処方集、新薬、植物、日本薬局方、欧米の薬局方、家庭薬、諸学の辞典、薬に関する内外の雑誌、新聞、と多岐にわたるこれらの資料が、散逸せずに収まるべきところに収まった。この先、若い研究者らに広く利用されると思うと、寄贈のしがいもあり、感慨深いものがあった。

それらの貴重な書籍・文献は、横浜の一薬局の薬剤師である藤太郎が、薬学者として研究の道を突き進んできた証でもあった。

昭和四十六（一九七一）年六月十二日、スタッフの連日の作業が実って、予定どおり開館式が執り行われた。式典には、アメリカ最大のスミソニアン博物館のハマネ医薬部長を招いて、各国の薬に関する資料館の歴史、運営についての講演が行われた。

世界に“Pharmacy Museum”と呼ばれるものは、昭和三十（一九五五）年頃、すでにフランスに三十八、ドイツに十二、イギリスに八、イタリアに八、オランダに八、アメリカに五十

開館の日を迎えたくすり資料館（右から３人目が藤太郎）

六施設のほか、オーストリア、ベルギー、フィンランド、ハンガリーなどにもあった。中でもドイツのハイデルベルグ薬事博物館、ロンドンのウェルカム医学博物館などが有名だった。「これでやっと海外に追いつけた」と藤太郎は、この真新しい建物を見上げ、感無量だった。また、長く薬史学研究を続けてきたことが思い起こされ、改めて学者冥利に尽きる思いだった。昭和二十七（一九五二）年にはその業績が高く評価され、オランダにある国際薬史学アカデミーから薬学の歴史に最も精通している人として会員に推挙され、国際薬史学アカデミー賞も受賞したことが頭をよぎった。

開館式から三か月後の九月には、チェコスロバキアのプラハで開かれた国際薬史学会に日本の代表として出席した。

藤太郎は、明治十九（一八八六）年、仙台に生まれた。家庭の事情で旧制中学を中退し、筆職人になったが、独学で薬剤師試験に挑んで資格を取得した。神奈川県庁に四年ほど衛生技手として勤めた後、婿養子として入った横浜の薬舗の主人となり、二十六歳のときに西洋型薬局へと店舗を改造した。数人の店員がいたが、皆年若いので、決して仕事を任せっきりにすることはなく、自ら接客の第一線に立った。薬剤師に対しても、処方箋は必ず一度、自分が見て、指導してから調剤させた。店を閉めてから二十〜三十分はその日の業務の記帳にあてた。八時から二十三時までの十五時間の営業時間の中で、客が来ないときは商品の整理を行い、品切れをチェックして注文し、研究する時間も作った。十五時間あればその五分の一の三時間は余裕ができるという信念を持っていた。それは、筆職人時代に、時間を作っては孟子、『土佐日記』などを読んで知識をつけた経験からである。

接客も学術研究に役立てた。学問のヒントにもした。店は繁盛していたが、単なる商売人ではなかった。自らが述べているように、まさに「道楽を薬に求めた」のである。薬局の経営を科学的に検証する必要があると考えて、開業の仕方、陳列をどうするか、どうやって効率的に売るかなど、先人たちが研究した理論を実際に客に接して当てはめて、薬局経営を学問としてとらえた。それを後に『薬局経営学』としてまとめ、南山堂から出版した。

藤太郎は、時間を作って研鑽するのが薬剤師の使命であると、常々、思っていた。「市中の多くの薬剤師の口癖は、『学問する暇がない』。しかし、その口の先から将棋を指し、一～二日間、店を空けて温泉旅行に出かける。その口実は、『遅くまで店を開き、終わってからも帳簿の整理などに追われ、それから本を読むのも嫌になる』。このようなことを言うのはプロフェッショナルとして望ましくない」と憂いた。

新しいことにも次々と挑戦している。大正期にアメリカの雑誌を手本として、薬局内にソーダ水やアイスクリームを飲食できるコーナーを作った。海外から機械を輸入して自家製造し、平安堂オリジナルの商品として売り出した。横浜に居住する外国人の客の間でも「本国のものと変わらない味だ」と評判になり、よく売れた。また、趣味の写真が高じて薬局に写真部を併設して写真材料を取り扱い、現像・焼き付け（ＤＰ）事業を行った。そのうちに写真の曝写時間を計る表を改良した「清水式曝写計」を発明して特許申請したが、それ以上のことはしなかった。父親が発明に凝りすぎて家業を傾けた苦い思い出があったからである。

地域で薬局経営の近代化も進めた。神奈川県薬剤師会会長のとき、何軒もの薬局が薬を安売りする乱売合戦に明け暮れ、倒産するところが出るほどになった。それを少しでも食い止めるため、イギリス薬業界を参考に、ボランタリーチェーンの走りである横浜優良薬品販売会（「ハマユウ」）を創設して、再販価格の維持を図った。

薬局の業務の合間には、ラテン語、薬局方、調剤学、漢方医学、薬史学、薬局経営学などの研究を積み重ね、生涯で百冊を超える薬学関係書籍を書き上げた。

特に、薬学では欠かせないラテン語に長けており、薬局方の改正になくてはならない人物になっていた。

敗戦間もない昭和二十三（一九四八）年、厚生省内に薬事審議会が新設されると、その委員の一人に選ばれ、日本薬局方の第六、第七改正に携わった。第六改正の作業は、藤太郎が自宅のほかに神奈川県薬剤師会館に保管して戦災を免れた蔵書に頼るところが大きかった。膨大な薬局方関連資料をすべて翻訳し、審議の資料として各委員に提示した。改正は混乱期の食糧難の中での作業でもあり、いろいろな意味で難事業だった。

昭和十七（一九四二）年に『清水調剤学』を刊行したときは物議をかもした。「大学出身者でもないのに学問に自分の名前を冠するとは何事だ」と帝国大学出身の薬学者らから非難を受けた。しかし、「気にしない、気にしない、そんなことはどうでもよい」を信条に、ただ、薬に精魂を込め、ひたすら走った。当時は非難されたこの本を改めて見直すと、現代において忘れられかけている薬剤師の心構え、医療に対する態度などにも触れられており、再評価する向きは多い。

婿養子に入った薬舗がもともと和漢薬からスタートしていたこともあってなじみが深かった上に、自分自身や息子、従業員が漢方薬で救われた経験から、漢方医学の研究にも積極的に取り組んだ。月に一日、昭和の漢方の名医と言われた湯本求眞《ゆもときゅうしん》に、薬局で患者の診療を頼み、出された処方をもとに調合して与薬した。これを機に湯本を師に漢方を本格的に研究し、医師の大塚敬節《おおつかよしのり》、矢数道明《やかずどうめい》らと共著で、『漢方診療の実際』を上梓した。その後、大改訂し、現在、漢方を使う医師らのバイブルにもなっている『漢方診療医典』として刊行した。生薬の勉強には植物採集が必要と考えて横浜植物会に参加し、それが縁で牧野富太郎《まきのとみたろう》と親しくなり、共著で『植物学名辞典』も著した。「漢方の勉強は、学術として精進していくことが不可欠である。そして、薬物の効能は単に書物や講義に終わらせず、臨床的な効果を、身を以て体験しなければならない。常にへり下った態度もないといけない」を口癖にしていた。

学問の業績が認められ、昭和四（一九二九）年には帝国女子医学専門学校薬学科の教授として招かれ、薬学ラテン語、薬学英語、調剤学、薬局方、薬局経営学などを教えた。戦後、新制の東邦大学に生まれ変わってからも教授を務め、通算勤続年数は四十年間にもなった。学生からは「トータロー先生」と親しみをもって呼ばれ、数多くの薬剤師を育てた。この間に、東京大学から薬学博士の学位を授与された。一貫して、歴史を知らなければ薬剤師の向上はないといった思いから、わが国の薬学、薬業、薬物に関する沿革を詳細に分析考察してまとめた『日本薬学史』が、学位論文に価する業績であると高く評価されたのである。

薬剤師であり、書斎人でもあった。心から本を愛し、本とともに生きたと言ってもよいくらいだった。

語学力があったため、海外から薬学関係の書籍を取り寄せ、薬局の経営の傍ら、研究も行った。薬学校を卒業して薬剤師になったわけではなく、影響を受けた人はいても生涯の師と言えるような人はいなかった。まさに独学で学問の道を切り開いていったのである。学者の家から学者が生まれるのは不思議ではないが、薬局のカウンター奥から薬学者が生まれるのは珍しいことだった。

田舎から出て来たある薬学生が結婚したときに贈った扁額の書も、それを物語っている。

「薬以外の何物も好まず、道楽は薬から。衣食住に好みなし。骨身を惜しまず常に人より一歩下がるべし。出来るだけ正直にする。」

学生や薬剤師の前で「私はほとんどが独学だが、道楽だから催促もなく試験もない。ただ、いつの日か役に立てばよいと思っていろいろやってきただけ。少年時代は不幸だったが、その後、良い先生、良い友達に恵まれて今日を得た」と話し、七十五歳のとき自らを「まだ若者である」と、薬の探究には終わりがない気持ちを薬業関係の新聞で明かしている。

「薬が道楽」と言っただけに、薬物についてさまざまな現象を拾い出し、民族が発展していく過程で、薬がどのような役割を果たしたかを終生の研究テーマとした。薬の文化人として、医学史、博物学史、理化学史のほか、経済史、交通史、貿易史、食物史、農業史、工業史、風俗史、美術史など、幅広い領域の研究を続けた。地道な研究が認められ、昭和二十六（一九五一）年には藍綬褒章を、後の昭和三十九（一九六四）年には勲四等瑞宝章を授かった。妻の寿々とともに皇居で天皇陛下に拝謁し、苦労をかけた妻に、心の中で感謝とねぎらいの言葉をかけた。

寿々は、日頃からきびきびと働き、店の切り盛りを息子とこなし、店の者に優しく向き合ってくれた。

それに、欲しい本を見つけると、断りもせずにレジから金を抜き取って買ってしまう藤太郎のわがままをも許した。はじめは困った道楽事だと戸惑いもしたが、学問の追究は自身の父の遺志でもあることを知っていたため、夫の行いにも見て見ぬふりをしたのである。

八十九歳の誕生日を迎える五日前には、五十年かけて執筆した千ページ近くにもわたる大著『和漢薬索引』を刊行した。

歴史に詳しかっただけに、時代とともに薬局、薬剤師の姿は変化していくことを見据えた上で、創刊に携わった雑誌『薬局』のコラム「平安堂閑話」でこう結論づけている。

「薬剤師は一市民として、また、一文化人として民衆の公僕、薬についての良き相談相手であることを心すべきである。薬局はただ単に物品を販売するところではなく、民衆がいつ罹るかもしれない病気やそれに使う薬のことを日頃から学問として研究するところである。」

清水藤太郎が残したことごとは、混迷する現代の薬局、薬剤師に対し、そのあるべき姿を投影しているのではないだろうか。

第一章

筆職人から薬学の道へ

質実剛健の藤太郎

明治の初め、仙台の南材木町に車を製造する長尾喜平太の店があった。東京へと延びる国道の七郷堀、六郷堀のほぼ中間に位置したところで、一軒屋敷の母屋は国道に面していた。南側は幅一間半（三メートル弱）ほどの門になっていた。道路に面したところは、十字に四つの間に仕切られた車製造の木工場になっていた。総二階の建物の裏には、畳敷きの部屋を数室備えた、平屋の建物があった。座敷の前は、松、梅などの木が植わった庭になっていた。その奥が風呂場、材木置き場である。風呂場は鉄砲風呂で、亜炭で沸かしていた。つるべ井戸から手桶で水を三間（六メートル弱）ほど離れた風呂桶に運び入れて焚きつける。職人や女中が交代で水を運んだ。ずっと奥には桃、栗、柿、梨の木があり、畑、茶畑もあった。

明治十九（一八八六）年三月三十日、畳敷きの部屋から元気な男の子の産声が上がった。座敷の奥の台所では店の者が産湯を沸かし、それを桶で婦人が運び、忙しく立ち回った。長尾家待望の長男・藤太郎の誕生である。女の子五人の後に初めて男の子が生まれ、跡取りができたと家中が喜びに沸いた。

父親の喜平太は明治初年、仙台の車製造業の元祖と言われ、総代を務めた人である。早くから大工の見習いに就いていたが、若いときに仕事場の高いところから落ちて怪我をする。家を建てる大工には向かないと考えて車製造業の道に入った。最初は人力車を作ったが、その後、大小の荷車、荷馬車、牛車のほかに、円太郎馬車と呼ばれた乗合馬車を作った。荷車全盛の時代で、木工、金工の職人を五〜六人雇うほど店は繁盛していた。

喜平太は目先が利く、なかなかのやり手で、明治二十七（一八九四）年に日清戦争が始まったときには、軍の運搬車として小型の荷車、数千台を受注している。

店はかなりの利益を上げ、羽振りの良い生活環境の中で、藤太郎は何不自由なく育った。ほかの家ではあまり食べないような、すき焼き、肉じゃがなどが食卓に並ぶこともあった。そんな食生活のためか、幼少時には目を見張るほどの体つきになっていた。姉たちも骨太で大柄だった。

横綱谷風の再来かと言われた六歳児

六歳頃には、「仙台木町から、また大相撲力士が出る」――そんな噂が町に広がるほど膨らみのある大きな体つきになった。木町からは横綱谷風が生まれており、郷土の誇りでもあった。住民は藤太郎が谷風のように相撲の名士になって、町が再び有名になることを期待した。

谷風は本名を金子与四郎と言い、はじめは四股名を秀の山と言った。身長六尺三寸（一八九センチ）、体重四十七貫（一七六キロ）で肉付きが良く丸いあんこ型の体型の力士である。力量だけでなく人間的にも優れ、後に歴代横綱の第一人者と呼ばれた。相撲取りになったきっかけは、南材木町で人夫として七郷堀の堀さらいに駆り出され、堀の上で仕事をしていたときだった。偶然にも江戸相撲の関の戸の一行が通りがかり、その大きな体に目をつけた。体力があることから相撲取りになるようすすめられ、一緒に江戸に出て力士になった。

藤太郎も体格が見込まれて、ある相撲部屋から力士の道に誘われたとも言われており、ことによっては力士「藤太郎山」が誕生していたかもしれない。しかし、成長するにつれて横に太っていた身体は、十歳ぐらいになると背が伸びて、相撲取りの体つきではなくなっていった。しかし、体力には自信があった。まだ小学校に上がらない頃から、毎年田植えと刈り入れのときには母親に連れられて農作業を手伝った。田んぼは家から一里半（五キロほど）の六丁の目にあった。母親についてその道のりをテクテクと歩いて行くと南小泉の先は人家が途絶え、田畑ばかりの風景に変わった。子供のことであり、手伝うと言っても刈り入れた稲の一株を運ぶ程度の作業であったが、母親は、長尾家の長男である藤太郎に、家業以外のことも身につけさせたいと考えていたのである。

温泉にもよく連れて行った。宮城県の最南端、蔵王連峰の麓にある鎌先温泉や小原温泉に連れ立って行き、自炊のできる宿に泊まった。仙台伊達藩とゆかりの深い青根温泉、仙台の中心から近い奥州三名湯の一つに数えられた秋保温泉も訪ねた。母親の愛情を一杯に受けて育っていった。

藤太郎は友人らを誘ってよく遊んだ。近くにあった広瀬川の七郷堀、六郷堀が格好の遊び場だった。水の取り入れ口が深い七郷堀に飛び込んで泳いだ。広瀬川は雨が降ると水かさが増して深くなる。船町に架かる橋の下の濁流に入って体を浮かせて岸まで何度も泳ぐという少し危険な遊びを繰り返すこともあった。岸辺からそれを見ていた友人が拍手を送った。泳ぎのほかに、六郷堀の取り入れ口近くの、周りが浅瀬になっている宮沢の渡しで、めだかなどを手ですくって遊ぶこともあった。

家に帰れば工場が遊び場になった。店の裏の小屋には、東京から仕入れた車の材料の樫材が天井高く積まれていた。そこを登り降りした。大人の遊びも覚えた。工場の二階は木工、金工の車職人が寝泊まりしており、気が荒い職人らは花札などをよく楽しんだ。イカサマ博打など裏の世界を見て、早くからそんな〝社会勉強〟も経験した。

算術が得意な少年

よく遊ぶ一方で、読み書きが好きな少年でもあった。まだ四～五歳の頃、小学校に通う一番上の姉にときどきおんぶされて一緒に教室に入り、授業を受けることもあった。明治二十五（一八九二）年四月に姉たちと同じ仙台市南材木町高等尋常小学校（現・仙台市立南材木町小学校）に入学したが、その前から姉に連れられて小学校に来ていたので一年生のときにはすでに教科書を全部暗記しているほどの学力を身につけていた。

南材木町高等尋常小学校は歴史のある学校で、わが国に学制が敷かれて初めて開校した仙台区七校のうちの一つとして、明治六（一八七三）年七月二日に創立された。明治二十七（一八九四）年に日清戦争が始まり、長町から出兵する仙台第二師団を、同級生らと軍歌を歌って戦地に送り出す小学校生活を送った。

当時は、小学校の尋常科四年、高等科四年を終えると中学校に入学するのが一般的だった。ただし、飛び級制度があり、成

仙台市南材木町高等尋常小学校（大正２年）

績が良い生徒は高等科二年に上がることができた。成績が常に上位だった藤太郎は、明治二十九（一八九六）年、尋常科四年を修了すると、飛び級で高等科二年に進学した。

高等科二年の国語の試験では物議をかもした。文章の意味を述べる問題が出され、「潺湲として渓間を流るる……」に続く文字の印刷が不鮮明だったので、手を挙げて教師に大声で質問した。「先生、せんかんとしてけいかんをながるる……の次の字は印刷がぼけて読めません。どう書いてあるのですか」。「潺湲」が読めない生徒がほとんどで、勉強ができる同級生の反感を買った。「問題を読んだヤツは罰を受けるべきだ。落第だ」と脅かされたが、先生がうまくなだめて〝事件〟は無事に解決した。

習字も得意で、いつも廊下の壁に張り出された。国語ができたことも影響したのか、近所の文学好きの仲間と集まって、謄写版印刷五〜六ページほどの『文の海』という同人雑誌を発行したこともある。表題は“*The Sea of Letters*”として藤太郎が丸く太い書体で表紙を飾った。

国語より算術の方がよくできた。当時、横綴じの厚い『数学三千題』という本があり、仲間と計算を競争していたが、結果は、いつもトップだった。成績が良かったので高等科を二年間で卒業できたが、飛び級だったので年齢に達していないという理由から、中学校に入学できなかった。仕方なく一年間、東京数学院の分校である仙台数学院（現在の東北高校の前身）に通った。この学校は優れた教師が多く、幾何学は後に東北中学校長となった人が、国語は第二高等中学校の教師が教え、英語は仙台の商社で通訳をしていた長沢という人が、“*National Reader*”を教材に、朝七時から一時間の授業を行っていた。教え方は漢文に倣って、'It is a dog' を「それ（八）（一）、ある（四）、一つ（ノ）（二）、犬（デ）（三）」と番号をつけて番号順に訳すやり方で、発音はアメリカ流であった。

しかし、学生の質は必ずしも良いとは言えなかった。若い人の中にかなりの年長者も混ざっており、教室では長い煙管《キセル》にキザミタバコを詰めて吸う人も見られた。まともな学校ではないと思って一年で辞めた。明治三十一（一八九八）年、十二歳のときに試験を受けて宮城県尋常中学校（現在の仙台第一高校の前身）に入学した。数学と英語はいつも満点だった。ただ、地理、歴史、図画などは不得意だったため、成績は全校百五十人中二十番前後を行ったり来たりしていた。

家業が傾き旧制中学を中退

順風満帆な少年時代を過ごしていたが、明治三十（一八九七）年頃から家業がおかしくなり、生活に陰りが見え始める。三軒ほど先に同業者が次々に現れ、いずれの店も跡取りの長男が積極的に家業に精を出して次第に事業を拡大していった。喜平太の店は長男の藤太郎が幼少であり、跡を継がせるとしてもそれは数年も先のことで、目途は全く立たなかった。家業はじわじわと衰退し始め、明治三十五（一九〇二）年頃、やむなく同じ町内でも競争相手のいない南材木町三八番地に移転する。家業が傾き始めた理由はもう一つあった。喜平太が発明に凝りすぎ、それに金を注ぎ込んだからだ。粉引き器械、無臭肥料運搬車のほかに、荷車につけるローラーベアリングの製造に資金を注ぎ込んだのが、経営に大きなダメージを及ぼした。

当時、荷車の車輪の中心にはボールベアリングがついていたが、前後に緩み、バラバラになるのが欠点だった。それを解消するため、自転車の車輪についているベアリングをヒントに、ボールを円筒形にして中心に細い心棒を通して十本ほどのロールにすることを考えついた。喜平太は寺子屋にしか通っておらず、お家流の草書しか書けなかったので、発明の仕様書、図面を人に作成してもらい、東京の特許庁に出願した。それにも結構な費用がかかった。

喜平太は出来上がった図面を持って、埼玉の川口や東京の千住にある鋳物工場に赴き、金物を試作してもらったが、いざ車輪に入れて動かすと、鋳物であるため崩れた。鋳物屋に掛け合って、何度も作り変えてもらうことを繰り返しているうちに費用はどんどん膨れ上がり、借金も莫大な額になっていった。ついに、明治三十三（一九〇〇）年十月、家屋敷も人手に渡り、十四歳になっていた藤太郎は中学を中退して家計を助けるために働かなければならない状況に追い込まれた。父親は大工にする話を進めていた。

物心ついた頃から家の仕事の手伝いをさせられ、木工、金工の作業もできた上、生来器用であったので、ノミ、カンナ、鋸のすげ替え、鍛冶もできた。荷車や馬車を新しく作り、修理まで一通りこなせたので、大工になる資質は十分持ち合わせていた。

しかし、周りが「それは気の毒だ」と言いだし、親戚筋の仙台筆の店に頼み込んで、筆職人になるため見習いに入ることになった。持ち前の頭の良さ、器用さと、何にでも取り組む積極性から、仕事で苦労することはなかった。

筆軸作りは、一定の長さにカンナをかけることから始まる。木工、金工ができたおかげで、ノミ、カンナ、鋸のすげ替えなどもたやすく、カンナをかけて一定の長さに揃えるのもうまく、親方からほめられたりもした。筆の毛は、狸、兎、馬、鹿の毛など、上等な毛から下等な毛を一ミリずつ差をつけながら並べ、根元を糸で結び、軸の部分に取り付けて一本の筆を作った。筆作りも結構、楽しかったようで、八十五歳を過ぎてもそのときのことを思い出して、周りの者に「今でも筆をうまく作れるよ」と笑いながら得意げに話すこともあった。

筆作りの仕事は比較的早く終わるので、余った時間を勉学にあてた。宮城県の中学校の通信講義録を取り寄せて、夜遅くまで、漢文は孟子の本から学び、国文は『土佐日記』、『十六夜日記』などを読んで覚えた。一年間ほど奉公して、一通り一本の筆を作るまでに成長した。そんなある日のこと、染物師に嫁いでいた三番目の姉・高橋ミヨシが店にやって来た。何の用かと思いながら、仕事の手を止めて親方の部屋に入ると、姉から「東三番町にある医学専門学校薬学科の助手になりなさい」と切り出される。

だしぬけに言われ、びっくりする。しかも医学専門学校がどんなところで、薬学科とは何かもわからなかった。ただ漠然と面白いところのようだとは感じた。筆職人が嫌なわけではなかったが、そこに行けばまた勉強をすることができるかもしれないと思うと嬉しかった。仙台医学専門学校は、第二高等学校医学部から独立して設立され、薬学科は、仙台一番町にあった仙台共立薬学校を廃校して創設された。

十六歳で仙台医学専門学校雇に

ミヨシは、いつまでも職人にしておいてはかわいそうだと思っていた。小学校に入学したときには姉たちが使っていた教科書を全暗記していたほどの才能を潰したくなかった。そこで、宮城県庁文書課に勤めていた知人の草刈大勝に新たな勤め先を探してもらっていたところ、県立宮城病院薬局に勤務していた石丸生駒が間を取り持ってくれて、仙台医学専門学校薬学科科長の佐野喜代作《さのきよさく》（後年の名は義職《よしもと》）の助手として奉職できる道が開かれた。

　書類を見た佐野は、藤太郎がまだ十六歳であることにこだわった。若すぎて何もできないのではないかと採用を躊躇したのである。しかし実際に面接すると、体つきは大人に負けないほどであるし、受け答えや、明るく誠実な人柄にも好印象を受けて、採用を決めた。正式な職名は「仙台医学専門学校雇《やとい》」で、月給は六円、大工の一日の手間賃が八十五銭の頃である。

　藤太郎はわずかなりとも給金をいただきながら好きな勉強ができることに喜びを感じたが、薬学とは一体何をする学問だろうかと、未知の世界への不安と夢が入り混じる複雑な心境であった。

　明治三十五（一九〇二）年六月十六日。この日が、それまで何の縁もゆかりもなかった薬学の分野に七十年以上にわたって首を突っ込むことになる最初の日となった。守口小六に次ぐ二人目の薬学科助手として、主に佐野の講義や実習・実験の準備を任せられた。有機化学の実習は、三塩化リンや尿素を作るなどの製薬化学の実習であったが、当時仙台にはガスがなく、サンライスという石油ランプが用いら

生涯の恩人となる仙台医学専門学校薬学科科長・佐野喜代作（義職）

れた。ガラス細工の実習にはアルコールを用いたロシアランプを使った。

調剤実習は、石丸生駒が担当し、県立宮城病院で行われた。藤太郎はそのつど病院に出向いて手伝った。臨場感ある実習の意義とその教育効果を実感し、その重要性を認識した。ひたむきな学究意欲と骨身を惜しまぬ精進ぶりは佐野の目に留まるところとなり、藤太郎の存在を強く印象づけた。講義を聴講しながら佐野の板書の黒板拭きを任された。どこを消し、どの部分を残さなければならないかを把握していなければ務まらない、大切な仕事であった。講義の内容と流れがわからなければ端からやみくもに消すだけであり、講義をする側としては残してほしい箇所まで消され、ストレスにもなる。これを助手に任せることは、帝国大学教授の伝統の名残であった。

ドイツ語の資料作り

当時、わが国には日本語で書かれた専門書や教科書は少なかった。多くの講義で、外国語の書籍が教科書に用いられた。佐野が担当した有機化学の講義にはドイツ語の原著が用いられており、藤太郎は一年もすると、学生よりも一日の長があったのも手伝って、それらの原著も難なく理解できるようになった。ドイツ語で化学を学び、学生に翻訳して教えるまでになった。

佐野の講義はHollemann、Richter、Armstrong、Bernthsenなどと、使う原著を毎年必ず変えており、ドイツ語のドの字もわからない新入生は、黒板にいきなりChemie der Kohlenstoffverbindungen（炭素化合物の化学）と書かれ、面食らった。学生の理解が少しでも向上するように、有機化合物の構造式、融点などを表にし、ガリ版刷りにして配布した。学生と同じように席を並べ、最前列で講義を聞いた。講義が終わり、佐野が教室を出て行くと、学生たちは藤太郎のそばに駆け寄り質問した。そんな光景を佐野が見過ごすはずもなかった。学問に対する真摯な態度と情熱に感心し、他の教授の了解をとって、分析学、調剤学、生薬学、鉱物学などの講義の準備と聴講もできるようにはからった。薬学の学力は学生のレベルをとうに超えるほどになっていた。

講義の資料を作るため、薬学科の一室にあった医学専門学校の図書室にはよく顔を出した。いつものように書棚を見ていると、一冊の書物に目が留まり、ページをめくると、明治以来の薬学、薬剤師の変遷が書かれていた。日本の薬学が興ったのは明治になってからで、自分の誕生日の三か月後の明治十九（一八八六）年六月二十五日に〝薬の六法全書〟とも言える日本薬局方が布告されたことを知り、何か運命のようなものを感じた。医学専門学校に就職していなければ、そんなことは知る由もなかった。一冊の本が薬学をますます身近なものにした。

読み進んでいくと、『松香私志《しょうこうしし》』という本から引用された箇所が多いので、それを書棚に探すと、すぐに見つかった。内務省衛生局長を務めた長与専斎《ながよせんさい》が書いたもので、下巻には日本薬局方、製薬会社の設立、売薬取締、医薬分業などについて詳述され、興味深かった。

「日本には薬局方がないため、薬品が一定ではなく、同一の薬品でも強弱精粗があり、使用する者にとって不便であり、はなはだしい場合には危険なこともある。薬局方の必要性が世間に認められて、明治十三年中に内務省の中に日本薬局方編纂委員会が設けられ、司薬場教師のゲールツ（ヘールツ）、ドワルスに託してすでにあった草稿を原案として審議を始めた」と書かれ、薬局方がいかに薬学にとって重要であるか、また、薬局方が生まれるまでの経緯を知ることができた。「実際に稿本を提出するまでには薬品の加除、訳字文章の体裁に至るまで議論し、三回も書き直して脱稿した後、日本語版とラテン語版の二本を作り、政府に提出した」と五年がかりの難事業であったこともわかった。読んでいるうちに公定の日本薬局方が外国人の助けを受けて難航の上にできたことを知り、姉が将来を見極め、新しい道への入口を開いてくれたことに思いを馳せ、胸が熱くなった。藤太郎が生涯を通じて薬学に打ち込むことになったきっかけは、家庭の事情により全くの偶然とも言える仙台医学専門学校への就職であった。もしそこでの佐野義職との出会いがなければ、薬学者としての清水藤太郎の存在はなかった。人との出会いがしばしば一生の運命を決めることがある。

佐野は、東京帝国大学医学部薬学科出身で、明治三十三（一九〇〇）年八月に仙台医学専門学校薬学科（現・東北大学薬学部）科長として仙台に赴任した。担当した主たる科目は有機化学、製薬

佐野義職（後列右から３人目）と青芝寮の学生たち
（後列左から３人目が藤太郎）

化学で、医学科でも有機化学の講義を担当した。教職の傍ら、医術開業試験委員、宮城県薬剤師会長などを兼ね、また、学生の面倒をよく見た。学校に近い道場小路に「青芝寮」という学生寮を作り、一か月も自宅に帰らず泊まり込んで、当時ご馳走だったカレーライスを作って学生に振る舞ったりもした。研究や仕事にはきわめて厳格であったが、大変な温情家であった。藤太郎は長いつき合いの中で、不思議と一度も叱られたことはなかったという。

明治三十八年、受験者一人だけの薬剤師試験に挑戦

助手になって三年後の明治三十八（一九〇五）年、佐野の意向で薬剤師試験を受けることとなった。十九歳のときである。薬学科科長室に呼ばれ、おそるおそるドアを開けると、佐野が机に向かって座っていた。開口一番、「長尾君、薬剤師試験を受けて薬剤師になった方がいい。いつまでも学校雇では君のような優秀な人間にはもったいない」とすすめられた。思いもよらない話にありがたいことだと思った。そのとき、なぜか母親のことが頭に浮かんだ。家が傾いてから最愛の母・キサは苦労のし通しで、前年の明治三十七（一九〇四）年四月十八日、脳溢血で鬼籍に入っていた。その上、五番目の姉のシゲが不治の病に罹り、看病疲れもたたり、母親の後を追うようにして六日後の二十四日に亡くなっていた。

母親が亡くなって一年近く経って気持ちの切り替えがついてはいたが、ろくに学校も出ていない自分に受験資格があるだろうかと心配だった。「母親が生きていたら、何と言うだろう」。そうした思いを巡

らしていると、「君の将来のために、進めるからね」と言われ、何だかよくわからないうちに薬剤師になるレールの上に乗っていた。佐野は必要な書類を揃え、薬剤師試験の受験資格が得られるように着々と準備をしていた。

当時の薬剤師試験は学説試験と実地試験の二つがあった。学説試験は各地方庁で行われ、受験番号は「宮城県三号」だった。

受験者は藤太郎一人で、部屋の隅で試験を受けた。製薬化学の第一問は、「硫酸、亜硫酸、次亜硫酸の製造」についてで、硫酸の製法を、「硫黄を燃やして亜硫酸とし、水蒸気と空気を混ぜて鉛室内で化合させる。化学式は $SO_2 + H_2O = H_2SO_4$。このSauerstofftragerとしては硝酸を用いる」と解答した。「酸素運搬者」をドイツ語で書いたことで、「長尾藤太郎君は化学の問題をドイツ語で解答した」と誤った話が広まった。しかし、つまりそれほど、仙台の医薬関係者の間には、藤太郎がドイツ語に堪能であることが伝わっていたのである。

学説試験に合格し、続いて実地試験が東京で行われた。初めて行くところで右も左も全くわからず、不安で一杯だったが、佐野が行き先を手配してくれ、東芝製作所に勤務していた弟の黄金井晴正の金杉浜町の自宅に寝泊まりできることになった。仙台では薬剤師実地試験の様子を知る人はなく、佐野が書いてくれた紹介状を持って、東京根岸の東京帝国大学教授・下山順一郎の自宅を訪ねた。

取り次いでくれた人から、下山は、試験前には受験生に会わないと言われ、門前払いを食らった。仕方がないので「実地試験では書籍を見てもよいか」と尋ねていると、その様子を見ていたのか、下山本人がわざわざ玄関まで出て来て、「はじめは口頭で質問する。実地の分析や製薬は本を見てよろしい」

と助言してくれた。天下の東京帝国大学の教授に直々に会えたことに興奮を覚えた。ありがたく思いながらも「よろしくお願いします」と言うのが精一杯で、そのまま引き下がった。おおらかな古き良き時代であった。

佐野から借りた十数冊のドイツ語の参考書を仙台から持って来ていたので、下山の言葉は心強く感じた。試験会場は東京駅近くの永楽町の公立永楽病院で、二日間にわたって行われた。第一日目は八時三十分集合だったが、受験票を忘れ、大急ぎで金杉浜町まで引き返し、九時数分前に会場に駆けつけ、開始にぎりぎり間に合った。受験開始前の心得などは全く聞けなかった。生薬の試験は下山が四角い箱を振って竹のくじを二本出し、どちらかに書いてある生薬の原植物名、科名、効用を質問した。

調剤は東京帝国大学教授の丹羽藤吉郎が担当し、処方箋に記載された薬品の製法や効能を尋ねた。製薬は宮内省侍医寮の山田董が最初に臭化カリウムの製造について聞き、次に実際に臭化カリウム製造の実験を行うよう指示した。実験机に向かい Schmidt の“*Pharmazeutische Chemie*”の無機編を開いて実験していると、山田が回ってきて、「どこで薬学を学んだのか、佐野の助手か」などと尋ねてきた。藤太郎が濾紙を四角く折り、漏斗に取り付けていると、山田は「濾紙は丸く切って使うべきだな」と親切に注意してくれた。現代のマークシート一辺倒の試験とは一味違う人間味溢れる実地試験だったが、真の実力を試される試験でもあった。

とにもかくにも二日間の実地試験も無事終えることができた。合格発表までは数日あり、その間も金杉浜町の黄金井宅で待機した。何から何まで世話になった。

薬剤師試験に合格

数日後、合格の知らせを受けた。すぐ佐野に電報を打ち報告すると、誰よりも喜んでくれた。宮城県で初の薬剤師試験合格者となった。明治三十八（一九〇五）年十一月十七日付の薬剤師試験合格書を受け取ったが、未成年であり、薬剤師免許の登録や免状の交付はされないことがわかった。

佐野もそれを知って八方手を尽くしたが、未成年者であることがどうしても障害となって、免許登録はされなかった。かと言って、学歴のない藤太郎にいつまでも研究室で助手をさせていても、昇進する可能性はまずなかった。このままではせっかく薬剤師の資格を取ったのにその能力を埋もれさせてしまうことを心配して、薬局長を兼務していた宮城病院（現・東北大学医学部附属病院）に調剤員として勤めさせることにして、明治三十九（一九〇六）年まで薬学科の研究室に助手として引き続き雇った。成人となった明治四十（一九〇七）年二月二十八日付で晴れて薬剤師名簿に登録され（登録番号二七九九号）、若き薬剤師として第一歩を踏みだした。勤務先の病院の月給は二十円（大工の一日の手間賃が一円ほど）だった。宮城病院は仙台医学専門学校の附属病院で、東三番町にあり、宮城県最大の病院だった。そこで薬局主任の石丸生駒に師事した。仙台医学専門学校薬学科の調剤実習のとき顔を合わせていた人であり、気も楽だった。

当時の病院薬剤師の仕事は調剤と製剤であった。調剤は処方箋をもとに水剤、散剤を一人で作った。患者が処方箋を小窓に出すと経験豊かな薬剤師が対応し、人手がないときはしばしば、薬局長もこの職務を務めた。処方箋を見て水剤の用法を紙に記し、散剤は投薬袋に記入して、処方箋とともに決められた場所に到着順に並べた。

このとき、処方箋に疑義があれば、ただちに使いの者をやって医局と交渉した。手が空いた調剤員は順にその処方箋を手に取って、乳棒、乳鉢が十数組、伏せて置いてある調剤台に行く。いつも使う乳鉢は直径十センチで、乳棒は下が膨らんでいて野球のバットのような形をしていた。

乳鉢は陶製で、ガラスのものは全く使わなかった。乳鉢には毒薬用、劇薬用があり、黒、赤で「毒」、「劇」と書いてあった。粉末の薬包紙には模造紙を使った。台の上に薬包紙を屋根瓦の形に折り、六〜九枚、右から左に並べ、散剤を目測で分割する。それを五角形に折って包み、薬袋に入れた。

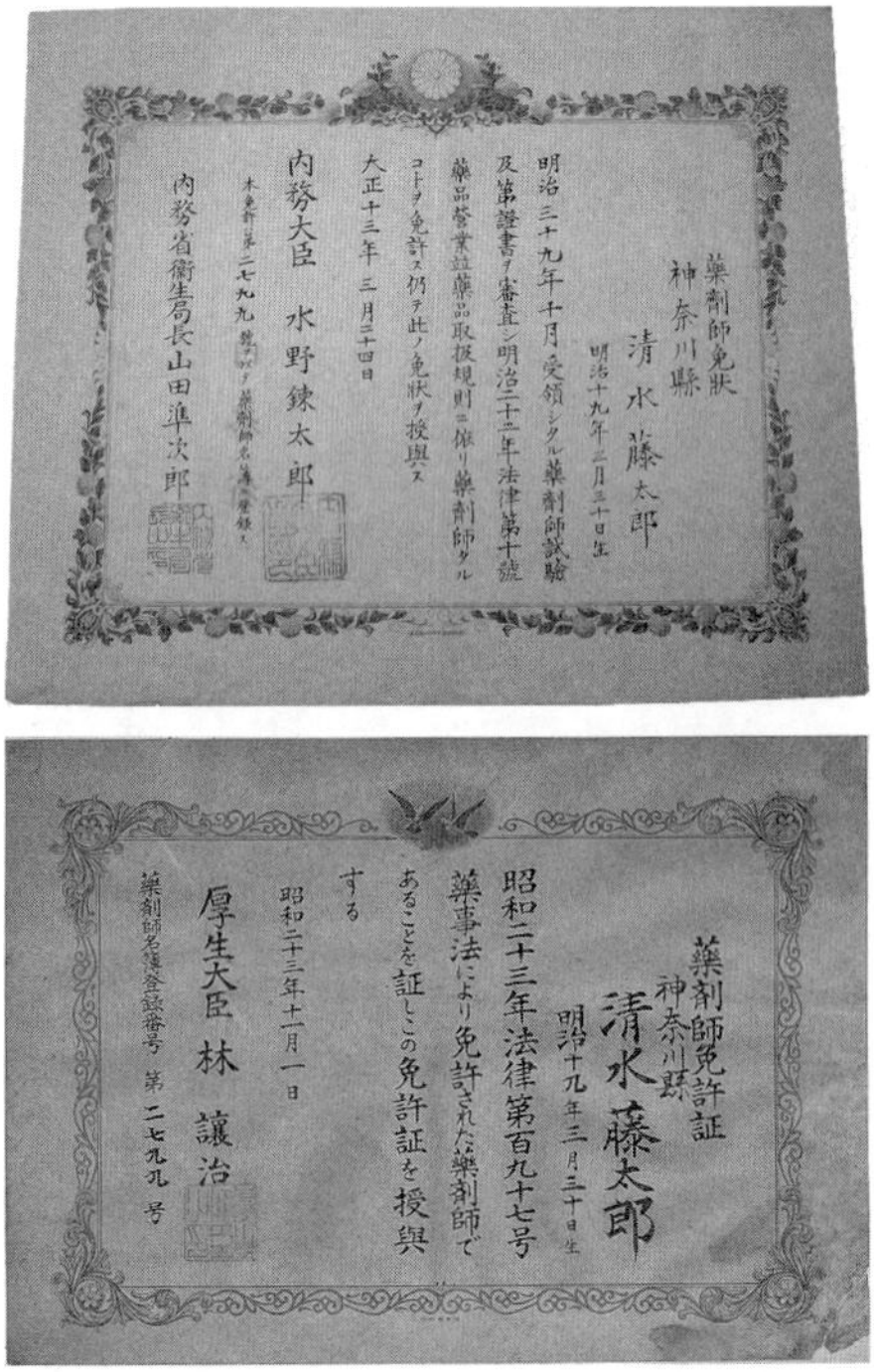
薬剤師免狀
神奈川縣
清水藤太郎
明治十九年三月三十日生
明治三十九年十月受領シタル薬剤師試験及第證書ヲ審査シ明治二十二年法律第十號藥品營業並藥品取扱規則ニ依リ藥劑師タルコトヲ免許ス仍テ此ノ免狀ヲ授與ス
大正十三年三月二十四日
内務大臣 水野錬太郎
本免許第二七九九號ヲ以テ薬剤師名簿ニ登録ス
内務省衛生局長山田準次郎

薬剤師免許証
神奈川縣
清水藤太郎
明治十九年三月三十日生
昭和二十三年法律第百九十七号薬事法により免許された薬剤師であることを証しこの免許証を授与する
昭和二十三年十一月一日
厚生大臣 林 譲治
薬剤師名簿登録番号 第二七九九号

藤太郎の薬剤師免状。最初に手にした免状は，大正 12 年の関東大震災で失っている。

こうしてできた薬と処方箋を手に水剤台に行き、瓶を水洗いし、薬を入れ、水で一杯にしてサラシ布で瓶を拭き、瓶帽をかぶせる。手を洗って特定の窓口へ行き、患者を番号順に呼んで姓名を確認して手渡す。当時の内科処方箋の八〜九割までは水剤と散剤だった。そのほかは浸煎剤や丸剤が多かった。外科の処方箋はキナ煎（マラリアの特効薬キニーネの原料であるキナ皮を煎じた薬剤）が多く、坐剤、軟膏剤も臨時調整することがあった。入院患者の調剤は朝、出勤するとすぐに取り掛かった。

外来の調剤は午前十時頃から忙しくなり、午後二時に終わった。一日二百〜三百枚の処方箋を六人の薬剤師でこなした。その後は、主に当直の薬剤師が調剤した。当直していると、夜分に看護婦がちょうちんに火をともして、頓服用のモルヒネをよく取りに来た。

製薬会社があまりなかった時代で、製剤は病院で行うのが一般的だったので、薬学の知識が求められた。丸剤、坐剤、倍散などは市販品がないため、必ず、調剤員が作った。クレオソート丸は一回に何万個も作った。病院の調剤業務は藤太郎にとって新鮮であり、永沢英四郎、山川佐次郎の二人のベテラン薬剤師から熟練の調剤術を学ぶこともできた。

宮城病院奉職中は病院の近くに家を借りて、医師国家試験を受ける同い年の小野寺久米三と一緒に自炊生活をした。小野寺が食事を作り、藤太郎が物理や化学を教えた。当時、周囲にはほかにも医師国家試験の受験希望者が多く、藤太郎の教え方はわかりやすいと評判となり、講習会に講師として呼ばれて化学を教えた。このとき、教育することは学ぶことでもあることを知り、また、教えることの喜びも感じた。

生涯の恩人・佐野義職の推薦で神奈川県庁に就職

藤太郎の仕事ぶりや研究への意欲などを常日頃見ていた佐野は、やはりいつまでも手元に置いていては、将来、伸びるものも伸びなくなると思っていた。そんな明治四十（一九〇七）年四月九日のこと、明治二十二（一八八九）年に公布された法律第十号（薬品営業並薬品取扱規則、「薬律」）が「薬品の純良を保ち其の効果の正確を期す」ために改正された。不良薬品などの一掃が期待されたにもかかわらず、依然として後を絶たないことから、規準に適合しない医薬品、飲食物の取り締まりを徹底、強化させるため各府県に専門の薬品巡視官を置き、衛生技術官を増員することが決まった。それを知った佐野は、郷里・神奈川県の増員の状況について知人に調べてもらった。しばらくすると募集枠があるとの返事があったので、学問に真摯で優秀な青年である、といった推薦状を前もって送っておいた。県庁の衛生技術官の候補はほかにもいたが、この推薦状があったほかに、仙台で助手をしていたときの仕事ぶりも評価されて採用が決まった。

神奈川県庁奉職時の藤太郎

明治四十（一九〇七）年五月。二十一歳になったばかりの藤太郎は衛生技手として神奈川県庁に奉職するため、生まれ育った仙台を離れた。二年前、薬剤師の実地試験を受けたとき以来である。あのときは、試験が終われれば帰れたので気楽であったが、今回は違った。一時的ではなく何年間かは居住することになる。文化の違う地でどの程度なじめるか、不安は大きかった。父親や姉、親戚の者が、中央が二階建てで、両側が平屋の木造造りの立派になった仙台駅舎に集まった。皆、笑顔だった。中でも薬学への道を切り開いてくれた姉のミヨシは悦に入っていた。「あのとき、草刈大勝に頼んでいなければ、まだ筆職人を続けていたのだ」と思うと目頭が熱くなった。列車が動きだすと、誰もが出世の道を歩みだした藤太郎の姿を重ね合わせ、心よく手を振った。藤太郎はそこに母親の顔がないのが心残りであった。しかし、もし生きていたら、横浜へ出ることを喜んでくれただろうか。それとも、「そんな遠いところへなぜ行くの、仙台の病院で落ち着いて仕事をすればいいじゃないの」と言ったかもしれない。心に葛藤があった。十二時間ほどかけて東京上野に向かった。車中で県庁に何年間、勤めることになるかを考えていた。長尾家の長男であり、家業は傾いたとはいえ家督を継ぐ義務があった。いつ仙台に帰ればよいのか。そんな思いを反芻していた。

上野駅は二度目である。二年前は佐野の弟が迎えに来てくれたが、今回は一人である。頼れる人はいない。近くの旅館で一息ついた後、横浜に向かった。街は二年後に開港五十年祝賀祭を控え、その準備で活気に包まれていた。

神奈川県庁には判任官七級棒三十円（大工の一日の手間賃が一円ほど）で採用された。県庁に勤めて最初は横浜の西戸部にある相模屋に下宿した。その後、西戸部の県庁官舎に移ることができた。家賃が比較的安く、生活費に多少のゆとりができたので、日の出町にあった横浜英語専修学校の夜学に入学した。学校に行きたかったが家庭の事情で中退したことが悔しくて、学校を卒業するのは夢であった。四か年の課程を終え、英文の卒業証書を手にしたときは、感激で手が震えるほどだった。生涯、卒業証書はこの一枚だけで、戦災で焼失してしまうまで大切に保管していた。

県庁への奉職は、藤太郎に薬局経営者、薬学者としての道を開くことになる。仙台の佐野が最初の恩人とすれば、二人目の恩人となる湯浅武孫《ゆあさぶそん》とここで出会う。湯浅は明治三（一八七〇）年三月八日、現在の岡山市に生まれ、明治二十二（一八八九）年に岡山薬学校を卒業し、岡山病院の薬局に入り、その後、愛媛県松山病院薬局長に就任し、愛媛県薬品監視員を兼務、明治三十三（一九〇〇）年に神奈川県衛生技手に転じ、薬品監視員を兼務していた。

横浜で薫陶を受けた神奈川県庁の湯浅武孫

薬学以外に英語、ドイツ語が堪能で、漢学、漢文にも秀でており、文章の執筆や講演にも長け、誰もが単なる薬剤師とは思わないほどのすべてに優れた名士であった。藤太郎は五年以上の間、薫陶を受けることになる。

外交問題に発展した、県庁での飲食物の検査

神奈川県庁では、湯浅の指導のもと、当初は主として飲食物の試験・衛生化学試験に従事する傍ら、検疫、薬品巡視などに当たった。

主な業務は、牛乳、酒のサリチル酸試験、水質検査などだった。牛乳試験ではマルシャン式脂肪試験で比重を計り、脂肪三パーセント以上であれば配達を許可した。三パーセント未満のものはさらに一本を試験して、規格に合えば詰め替えさせて許可した。規格に満たないものは配達を禁じた。

牛乳試験ではしばしば不良品が出て、搾乳業者が試験方法に不服を唱えて訴え出たため、藤太郎が証人として法廷に呼び出された。履歴と牛乳試験の経験を聞かれ、続いて技術、知識を試すつもりだったようで、裁判官の前には試験器具と薬品が置いてあった。「牛乳試験をこの場でやってみろ」と弁護側が高飛車に出てきた。

藤太郎は智恵を絞って、「試験をするには器具、薬品にも一々検査を必要とします。この器具、薬品では不十分であり、できません」と答えると、裁判は終わってしまった。県庁に戻って上司の湯浅に報告すると、「長尾君、うまく答えた」と言われたが、「県庁は君を十分資格がある人として任命したのだから、誇りを持って対応をするように。履歴など聞かれても県知事に聞け、と突っ張ねないと敵はつけ込んで来る」と少し語気を強めて対処のまずさも指摘された。法廷で言われるままに牛乳試験を行っていたら、欠点を探そうとした弁護士らの罠にはまるところだった。どうも搾乳業者は二十歳そこそこの若い薬品監視員に牛乳試験をさせていることに不服を申し立てたかったらしい。

飲食物の検査でも面倒な問題が起きた。食料品店に行き、食品をいくつか持ち帰って試験すると、サリチル酸が含まれていた。確認のため、もう一度、食品を収集して検査すると、やはりサリチル酸が含まれていたので、成績書を作り、告発した。裁判になったが、判決は無罪となった。その理由とは、二度目に提出した結果は試験者が不良品と予測して検査した可能性があり、公平性を欠くためというのである。最初の試験のデータを出していれば有罪にできたと思うと無念だった。このとき、法律家はこじつけるのがうまいものだと変に感心もした。

横浜という土地柄から、輸入される外国産の食品を検査することも多く、外交問題に発展させたこともあった。外国人が経営する食品店に行き、アメリカ、フランス、イギリスの品物を数品目、持ち帰って検査したところ、防腐剤の安息香酸ナトリウムのほかにサリチル酸が入っているものが見つかった。アメリカ産のものに多く含まれていたので、処分するよう指導した。その後しばらくすると湯浅が警察部長に呼ばれ、出頭することになった。藤太郎が「何事ですか」と尋ねると、「おそらくアメリカ産の食品のことだろう。よく話を聞いてくるよ」と部屋を出て行った。二時間ほど経って戻って来ると、湯浅は「アメリカから日本大使館に抗議があって外交問題になったらしい」と言い、疲れたそぶりで椅子にどっかと腰をおろした。

よく聞くと、警察部長が「外国産の食品の衛生試験はアメリカ産のものだけを対象にしたのか、ほかの国のものはどうした」と問い詰めたという。県の検査でアメリカ産の食品が処分されたことが本国に知れ渡り、業界関係者が日本大使館に「日本の衛生官吏が警察を同行させて、アメリカの食品をボイコットすると言ってきた」と抗議してきた。それが外務省に伝えられ、内務省から神奈川県庁へ連絡が入った。

警察で湯浅は、日本の明治三十三（一九〇〇）年の飲食取締法とアメリカで明治三十九（一九〇六）年に制定された米国連邦法の一つ“Pure Food and Drug Act”（純正食品・薬品法）を引用して、防腐剤の添加を禁じていることを説明し、事なきを得た。一地域の食品検査結果が海の向こうまで飛び火したのは、横浜で発刊されていた抗日のアメリカの雑誌 *“Box of Curious”* が本国に打電したのが発端だった。「大変なことをしました」と藤太郎が詫びると、湯浅は「何も謝ることはない、食の安全を守るには当然のことだ。アメリカだろうが他の外国であろうが」と逆に励まされた。

神奈川県は溝口、綱島、川和、箱根などに大きな採氷場を抱えており、冬の採取期に一回巡視し、天然氷の試験も行った。夏季に氷雪取締規則により貯蔵氷の試験を実施し、同時に飲食用器具の検査を行った。銅製の食器から鉛、錫が検出されるかどうかを、酢酸とクロム酸カリの混液を滴下して黄変するかを見るという方法で調べた。ほかにも肺結核予防規則による規定に違反していないか、神奈県下の旅館、飲食店、遊郭などの寝具、シーツを、検査した。

防疫業務も重要な仕事になった。横浜ではペスト予防が重要課題であった。明治三十五（一九〇二）年にペストが大流行したときには横浜海岸の二百戸の家をトタンで囲み、殺鼠剤をまいて焼き払った。住民は二日半、横浜砲台の跡地の収容施設に移った。このとき薬剤師会は、殺鼠剤の製造から配布、収容施設で使用する薬品、包帯材料などのすべてを寄付した。それを知った県知事の周布公平《すふこうへい》が「医師は日当を五円、八円と要求してきたが、薬剤師諸君は無給で尽力し、実に見上げたものだ。どうも医者はいかぬ」と薬剤師らをほめたたえている。その実績が認められて、薬剤師会は明治四十四（一九一一）年に内務大臣から衛生功労者として表彰を受けている。

県民をペストから守るため、藤太郎は、海岸に面した何万坪もある倉庫のホルマリン消毒に従事した。消毒には費用がかかるため、ある大きな倉庫会社の社長は、日本の貿易の破滅になると言って、頑として受け入れない。藤太郎は湯浅や警部とともに直談判に出向いて、インド、中国でペストが蔓延しており、「予防のためには倉庫を潰すこともいた仕方ない」と強硬に迫った。後日、「県の考えは理解できた」と言って社長が謝罪に訪れたので、藤太郎は何日もかかって、その会社が所有する何か所もの倉庫の消毒を行った。一回の消毒にホルマリン発生器が数十台必要な倉庫もあり、大変な作業であった。

薬品巡視では、神奈川県下の薬局のほとんどに医薬品が整備されていたが、医師の診療所の薬室には、薬局方に準じた薬品を備えているところはまれで、多くが古いものを使っていたのには驚いた。

藤太郎は、衛生業務の知識を向上させ見聞を広めるため、内務省の技師で、後に日本薬剤師会会長、東京薬学専門学校（現・東京薬科大学）校長も務めた池口慶三、湯浅武孫、永島忠らが明治三十七（一九〇四）年十月に薬事衛生技術官の修練、懇親を目的にして発足させた三七十会《みなとかい》に入会した。第一回総会は各府県の薬品および飲食物監視員が参加して逗子・養神亭で開催され、藤太郎も時間を作って出席した。

ラテン語をマスター

衛生業務のほかに、湯浅が書きかけていた書籍の資料収集に協力して、世界二十一か国の薬局方の調査に携わった。湯浅の指示で東京、横浜の衛生試験所に毎日のように顔を出して各国の薬局方を調べているうちに、薬品のラテン名に興味を持った。局方はラテン語と関係が深く、諸外国の薬局方を比較する上で必要だった。次第にラテン語に魅せられるようになり、それとともにさまざまなことがわかってきた。

鉄（ferrum）、リン（phosphorus）、ホミカ（nux vomica）のように古くから用いられている薬品名には伝統的なラテン語が使用されており、男性、女性、中性の別に加えて、第一、第二、第三、第四、第五変化の別があり、はなはだ複雑だった。

一方、近代の新製品には各国で勝手に作ったラテン名がつけられていたので、国によって薬局方もいろいろであった。

日本の薬局方のラテン名は、はじめはイギリス、オランダ式だったが、第二版以降はドイツ式となった。近代の新製品のラテン名は語尾が -um の中性名詞にするのが原則だが、英米の薬局方は古くから語尾 -a の女性名詞を使い、Morphina、Cocaina、Codenia となっていた。藤太郎はラテン名の形が一定していないことに気づいた。

語形の変化に種類があり、名詞につく形容詞も名詞の性（男・女・中性）によって語尾が変わるので、記載するにも記憶するにも厄介だった。近代の新製品のラテン名はヨーロッパではその国の国語と綴りに変化がなく、せいぜい語尾が変わっているくらいである。しかも今の処方薬品の大部分を新製品が占め、多くは語尾を省略して用いており、あえてラテン名を使う意味もないものが大部分であることがわかった。さらに、伝統的なラテン語を知る人も少なくなり、保守的なイギリス人医師でさえ、ラテン語の処方箋を書く人は少なくなってきている状況にある。

薬学ラテン語については、世界でもオーソリティーはいないと言われており、藤太郎は薬のラテン名を、Aloum（aloe）、Belladonnum（belladonna）、Digitalum（digitalis）、Injectum（injectio）、Syrupum（syrupus）のようにすべて -um の中性名詞としてはどうかと考えるようになった。さらに、アメリカ、イギリス、ドイツ、フランス、デンマーク、中国などの薬局方について、その国の名、ラテン名、化学名、構造式、分子式、分子量を調べる比較研究も行った。中国の薬局方は全巻漢文で、題名だけにラテン名を掲げ、また、多くの漢字は中国独自の漢字（簡体字）で表記されており、読むのに苦労した。

こうした作業を行っているうちに、かねてから語学が好きだったこともあり、ラテン語もある程度こなせるようになっていった。

神奈川県を代表し医薬分業問題に取り組んだ加藤豊次郎

若くして神奈川県薬剤師会理事に

県庁での衛生技手としての勤めの傍ら、ほどなく神奈川県薬剤師会（当時は日本薬剤師会神奈川支部）の理事に推挙された。皆川明治の後任で会の庶務記録の業務を引き継ぐことになった。神奈川県薬剤師会の歴史は古く、明治二十三（一八九〇）年二月二十三日に細野廉吉、加藤豊次郎、中井謙次郎、中村徳次郎、栗原正利、矢部文美、在原仁三郎、佐藤清寿、杉浦鎮太郎が発起人となって設立された。神奈川には当時、五十一人の薬剤師が居住しており、半数弱の二十三人が参加した。全国の薬剤師数が二五七三人の時代である。明治三十四（一九〇一）年には、日本薬剤師会神奈川支部に改められて支部長に清水榮助（平安堂薬局二代目）が選ばれ、明治三十七（一九〇四）年には改選されて栗原清八郎に交代する。

年配者が多い中で、二十代の藤太郎は埋事として庶務を確実にこなしていった。大きな課題は、医薬分業を推進していくことだった。神奈川県薬剤師会設立の発起人の一人である加藤豊次郎は、神奈川県を代表して大いに活躍した。東京帝国大学薬学科別課を卒業して松ヶ枝町に回陽堂薬局を開いていた。最初は分業急進派の総帥、日本薬剤師会会長で東京帝国大学教授の丹羽藤吉郎の下にいたが、意見を異にして漸進派の池口慶三の側に回って闘った。

そもそも医薬分業問題が表面化したのは、明治二十三（一八九〇）年に公布された薬品営業並薬品取扱規則（「薬律」）にあった。この規則の草案は内務省衛生局長の長与専斎の依頼で、柴田承桂がドイツの薬制を参考に明治二十（一八八七）年頃から作成作業を進めてきた。医薬分業を規定するのがねらいだったが、当時は薬剤師の人数が少なく、全面的に医師の調剤を禁止することは弊害が大きいとの考えがあった。そこで法律案では附則第四十三条で「医師は自ら診療する患者の処方箋に限り〝当分のうち〟自宅で薬剤を調合、販売することができる」ようにした。

しかし、内務省で省内内議を経て元老院に回付されて、明治二十二（一八八九）年三月十五日に公布されたときには〝当分のうち〟の文字が削除され、医師の調剤を全面的に認める内容になっていた。

薬剤師の業務範囲は明確になったが、医師が診療する患者の調剤を認める附則四十三条が大きな問題になった。薬剤師らは医薬分業を実施していくには附則第四十三条が大きな壁になると考え、第二回帝国議会に向けて法律改正で医師の調剤を禁じる請願運動を行った。

明治二十四（一八九一）年十二月八日、横浜選出の島田三郎代議士ほか五名によって衆議院規則第八十六条に基づいて「薬品営業並薬品取扱規則改正案」が初めて帝国議会に提出された。その文面は附則

第四十三条に「但し内務大臣に於いて適当と認める地に就き来る明治二十七年一月一日より逐次医師の調剤を禁止する」と言うもので、三年後の完全分業を目指した内容である。しかし、不幸にも十二月二十五日に議会は解散し、日の目を見ることはなかった。これがもとで医師、薬剤師の間に亀裂が生じた。その後、薬剤師らにより第四回、第五回、第八回、第九回、第十三回、第十六回の帝国議会に改正案が出されたが、毎回、否決された。

神奈川県薬剤師会は漸進派の震源地でもあった。急進派は、医薬分業は正論であり、議会運動を積極的に行うことに主眼を置いていた。一方、漸進派は、医薬分業はまず国民の理解を得ることが重要であると考え、広く分業の意義を知らしめる体制を作ることを目指していた。議会運動では勝ち目はなく、いたずらに医師の反発を買うだけで浪費であると漸進派は断じた。県庁で上司の湯浅は漸進派の盟主であり、衛生学の分野で有名な内務省の技師だった池口とは懇意であった。池口は「真面目に分業問題を解決せんと欲せば予が唱導するが如く薬剤師はすべからく其の天職を尽くし実力を養い社会上の信用及び地位を高むると共に一旦事を挙ぐるに当たりては所謂挙国一致の態度に出でざるべからず」と業界紙『薬業の友』の記者に語るなど、政治活動を優先するより薬剤師が社会から信用されることが医薬分業を進める上で重要であることを説いていた。

藤太郎は、湯浅が衛生学のほかに医薬分業など社会問題にも造詣が深く、人間としての幅の広さがあることに改めて畏敬の念を持った。

明治四十四（一九一一）年三月十六日は、薬剤師らにとって将来を左右する大事な日であった。薬剤師の代議士で埼玉県選出の綾部惣兵衛が二月十七日の第二十七回帝国議会で行った医薬分業の実施期日の質問演説の答弁書が出ることになっていた。答弁書は薬剤師らには期待外れの厳しいものとなった。平田東助内務大臣が「医薬分業を強制的に行う意思がない」ことを表明したのである。薬剤師が二十年間近く続けてきた医薬分業の政治活動は、無意味な結果を見ることになってしまった。

入り婿の話が

この年は、藤太郎個人にとって、生涯にわたり忘れられない年になった。県庁で衛生業務の書類の整理をしていると、机の横に人の気配がした。見ると、湯浅が立っていた。少し屈み込んで、「長尾君、今日はそれくらいにしたらどうだね」と耳元でささやくように声をかけられた。「何かしでかし、その小言だろうか」。それとも「帝国議会で医薬分業が否定されたことについて県でどう対応していくかの話だろうか」。さまざまな思いが頭の中を駆け巡った。

しかし、どうも違うようだ。かけている眼鏡が曇ってもいないのにポケットからハンケチを出してしきりに拭いて、落ち着かない様子である。そして、「ちょっと連れて行きたいところがある」と眼鏡をかけ直した。「わかりました」と言い、書類を引き出しに入れて机の上を整えると、「じゃあ、外に出るか」とにこやかに言いながら、いつもよく連れて行ってもらう料理屋に向かった。

店に着くと女将が「もう来ておられますよ」と湯浅に声をかけ、廊下伝いに庭が見える部屋に二人を案内した。「いらっしゃいましたよ」と襖を開けると、そこには父親が座っていた。藤太郎には何も連絡がなかっただけに心底びっくりする。四年前、仙台駅で別れて以来である。手紙のやりとりはときどきしていたが、帰省したことは一度もなかった。久し振りに顔を見ると、皺が増え、肌にはつやがなくなり、老いが感じられた。思えば父親も六十二歳になっていた。それにしても、何事だろうかと心細くなった。母親はすでに亡くなっているし、わざわざ横浜に来たからには何か大問題が起きたに違いないと決めつけていた。「仙台に戻って来い」と言いに来たのだろうか。やっと薬学という学問が面白くなりかけていたときで、帰るつもりはなかった。しかし、帰れと言うのであれば、長男の身であり、それに従うしかない。葛藤にさいなまれているとき、隣に座った湯浅が眼鏡の奥から優しげな目で藤太郎を見ながら、しゃべりだした。

「長尾君が知らないうちに話を進めていて申し訳ないのだが、父上に来ていただいたのは君の結婚話のためだよ。すでに父上は承諾済みで、後は君次第なんだ」。父親は何も言わず、ただ湯浅の言葉にうなずくだけだった。

「薬剤師会の清水榮助先生が、君を見込んで、ぜひ清水家の婿に迎えたいと大層乗り気になっておられる。まずはお父さんにと思い、勝手にこちらで進めてしまったんだ。申し訳ないが」と藤太郎に結婚の意思を聞いてきた。清水榮助とは薬剤師会で顔を合わせれば会釈をする程度で、じっくり話すこともなく、ましてや、娘さんとの結婚話が進んでいると思いもよらなかった。父親はずっと無言だった。

「父も認めているのなら、私はかまいません」と深く考えることもなく、ふらふらと決めてしまった。

その後はささやかな宴となった。酒は飲める方ではなかったが、盃をすすめられ、数杯飲むと良い気持ちになった。清水榮助が早くから藤太郎を将来性のある青年だと見込んでいたことを湯浅が吐露すると、「藤太郎、よかったな」と頬をほんのり赤くした父親に笑みがこぼれた。

しかし、話がうまく行っても、事はそうすんなりとは運ばなかった。清水家には五人の子供があり、うち三人が男子であった。長男は千葉医学専門学校薬学科の三年のとき腸チフスに罹って亡くなっており、二男もその前に四歳で夭折してはいたが、七歳の三男が残っていた（文筆家となり、結婚後、分家。元横浜ペンクラブ会長・北林透馬（筆名）である）。それに、藤太郎自身が長尾家の長男であることから、裁判所がなかなかゴーサインを出さなかった。結局、宮城県立工業高校を卒業し、陸軍砲兵工科学校を首席で卒業した四歳年下の弟の文五郎が長尾家を継ぐことにし、問題は解決した。

弁護士の手を煩わせて藤太郎は長尾の家を廃嫡となり、清水家に入った。明治四十四（一九一一）年二月一日、県庁に依願退職届を出し、四月八日、湯浅武孫、加藤豊次郎、高橋清を媒酌人に、清水家の長女で五歳年下の寿々と華燭の典を挙げた。まさに新しい人生への門出だった。しかし、藤太郎の心の中にはわだかまりがあった。藤太郎を苦労して育て、十九歳のときに亡くなった母親が、入り婿になったことをどう思うだろうか。生きていたら、おそらく猛反対しただろう。そう思うと涙が頰を伝った。

「長尾君、おめでとう。幸せになってよ。よかった、よかった」と藤太郎が酒をあまり飲めないことを知らない人が盃をすすめてきた。横では新妻がただ黙ってその様子を見ていた。

第二章

大正時代にアメリカ式薬局

清水家の三代目主人に

藤太郎が入り婿になった清水榮助の紀伊国屋薬店は、横浜屈指の店だった。店のある馬車道は、慶應二（一八六六）年の大火の後、太田屋新田西部地区の埋め立てに伴い、外国側の要求で吉田橋からフランス公使館前まで造成された、直線道路である。関内《かんない》を取り巻く環状道路の一部として計画されたもので、吉田橋に接していた。

吉田橋の関門の中側を関内、外側を関外と呼んだ。関内にある馬車道は、明治になって日本で初めて街路灯としてガス灯がともるなど、外国文化に溢れていた。

明治四十年代の薬局は、店頭に暖簾、売薬の看板を掲げ、店の前の左右に軽石や炭の大箱を五〜六個並べるところがほとんどだった。雨が降りだすと、どこも商品の取り込みで店員はてんやわんやだった。店内の照明はガスランプが主流で、電気は炭素（カーボン）線だったので暗く、しかも価格も高いので、取り入れる薬店は少なかった。和漢薬は原物を薬種問屋から仕入れ、店先で刻むところが多かった。ロートエキス、ホミカエキスの五倍散は薬局で作り、新薬はアンチピリン、タカジアスターゼなどがよく知られ、売薬は実母散、宝丹、万金丹が有名で、特に中将湯は盛んに宣伝していた。夏には高松の千金丹売りが白い洋傘をさして歌いながら売り歩いていた。化粧品を扱う薬店はまれだった。

紀伊国屋薬店は道路に面した二階建ての土蔵造りで、店頭の両脇には売薬の看板が立てかけてあった。店の入口には、家紋の入った暖簾が下がり、一階のひさしの上にせり出した小屋根には、代々、店で売ってきた「上気平安湯」の屋根看板をかけていた。看板には御殿風の銅製の屋根がつき、その上に三本マストの蒸気船の模型がつけてあり、店の存在を誇示していた。

二階の正面の右には額に入った「目薬壮眼水」、左には「五味解毒散」の看板が掲げてあった。

店に入ると、横には四間（約七メートル）の一本の長い横木があり、客はそれに腰かけた。その前は長さ五尺（約一・五メートル）で幅が一尺（約三十センチ）の低い木製の売り台があった。店員は売り台を挟んで客と話し、売薬などを売った。毎年四月十五日になると火鉢を引っ込めてタバコ盆を出した。店の奥には格子で囲った小さな机の帳場があり、その横に大きな銭箱が置いてあった。銭箱は四角い漏斗型になっており、店員は客が払った金を、その底をめがけてポンと放り投げた。店じまいの時間になると箱を逆さまにしてガラガラと金を取り出した。一日の売り上げは二十五〜三十円（白米一升が二十銭ほど）で、一人の客の平均単価は二十〜三十銭ほどであった。

店内の周りは奥深い棚になっており、正面の右側には西洋薬、左には和漢薬の袋詰めが重ねて置いてあった。棚の下の戸棚に

明治38年頃の平安堂の店頭

は、膠《にかわ》、紅殻《べんがら》などが積まれていた。局方の苦味チンキ、グリセリンの瓶ものも置いていた。店の中はすべて畳敷きで、右側のほぼ半分のところには小机があり、店員はその前に座って作業をした。机の上に大きな渋紙を敷いて、草根木皮を載せ、道具を使って切り刻み、臼でついて篩にかけた。店の照明は、他の薬局と同じように、主として下向きのマントルを使ったガス灯で、結構明るかったが、電灯の部屋はカーボン線で暗かった。店の奥ではもっぱら石油ランプを使っていた。

苦労を重ね、店を大きくした初代と二代目

紀伊国屋薬店をここまでにするには、初代、二代目が大変な苦労を重ねてきた。初代榮助は天保六（一八三五）年五月八日、和歌山の日高郡名田村上野（現・御坊市上野）で生まれ、薬店の丁稚奉公から身を起こした。店の主人の信用を得て、中心的な存在になっていった。主な仕事は婦人用の振り出し薬「上気平安湯」を調整して売ることだった。振り出し薬とは、紅茶のティーバッグのようなもので、袋に入った薬を湯に入れ、成分を振り出して服用する。よく売れていたが、主人がいろいろなことに手を出し、放漫経営がたたって破産してしまう。行き場を失った榮助は二十歳を迎えたとき故郷を離れ、江戸に出た。いろいろ職を探し、浅草雷門の近くの角地にあった歯磨き本舗「ハコベ塩本舗　島屋」に落ち着いた。

ここで「上気平安湯」を作って売った。三年ほど勤めた後、浅草の伏見漆器店に移り、竹生ナカと結

婚する。明治元（一八六八）年、二十五歳になっていた。ナカは神奈川軽井沢（現・横浜市西区楠町）にあった材木商・中島屋の三女として生まれた。四歳になったとき中田八五郎の養女に出されたが、百姓が嫌で逃げ出して、浅草今戸にあった秋田藩主の妾宅に奉公に出ていた。結婚してからは内職をして家計を助けた。しばらくして伏見漆器店が横浜に移ることになったので、ナカの親戚筋で真砂町に住み、一家で米屋を営んでいた竹生市造の隣に家を持った。明治二（一八六九）年五月に竹生の家の前に東京行きの乗合馬車の発着所が設置され、にぎわい始めた。家のそばが発着所になり、商売に適していると考えた榮助は、昼は漆器店に勤め、家に帰ってからは何でも扱う夜店を開いた。次第に忙しくなり、漆器店をやめて薬店を開くことを決意する。

榮助夫婦はなかなか子宝に恵まれなかったので、ナカの実兄の長女で四歳になるワカを養女に迎えた。本家の老舗である中島屋は横浜太田町にも店があり、ナカの姉に婿入りした竹生藤之助が住んでいた。本家の主人・七右衛門が亡くなったため、藤之助がその跡を継ぐために神奈川に移った。入れ違いに榮助はナカとワカを連れて太田町五丁目に移った。藤之助は寄席の中島亭を経営しており、その一階は五軒長屋になっていた。榮助はその一角の間口二間半の一軒を借りて薬店を開いた。この年が平安堂薬局創業の年になった。店は繁盛し、ほかに三か所に土地を持つほどになった。ナカの実家の竹生家に五百円（明治二十（一八八七）年に所得税法が公布され、年収三百円以上の者が課税対象となったときである）を貸すほどの余裕もできてきた。

明治二十一（一八八八）年には、隣町の相生町にあった九十坪ほどの眼鏡屋の跡地を地主から買い取り、古かった家屋を改造して薬店を移した。ワカも二十二歳になっており、婿を迎えることを考える。

ナカとも相談して山本新太郎を入り婿にとることを決めた。新太郎は和歌山の海草郡名高村（現・海南市）の大きな蠟燭問屋である山本之順の子として生まれた。しかし、父親が事業に失敗し、伏見屋を頼って家族で横浜に出て来ていた。伏見屋は之順の妻の妹の嫁ぎ先で、榮助が若い頃に勤めたところでもある。蠟燭問屋の事業に失敗してから之順には良いことがなかった。人のつてで県庁に勤めたが、長続きしなかった。しばらくして東京日本橋鎌倉河岸の玉置運送に息子と一緒に勤め、その後、親子で日本橋長谷川町に酒店を開くが失敗する。

新太郎は利発で出来が良かった。藤沢にあった「耕餘義塾《こうよぎじゅく》」に入って漢文、英語、数学を修練していた。この塾には、明治二十五（一八九二）年に、後に総理大臣となる吉田茂が五年間学び、ほかにも自由民権運動家の村野常右衛門、陸軍大将の山梨半蔵など逸材を輩出したが、明治三十（一八九七）年九月八日の台風で全学舎が倒壊し、再建のための資金難で閉塾した。

そんな新太郎を榮助は見込んだのである。廃嫡となって清水家に入ると、薬店を継ぐため、明治二十一（一八八八）年、東京神田岩本町にあった東京薬学校に入学する。十か月の課程を修了するとすぐにワカと結婚した。明治二十二（一八八九）年三月、薬舗開業試験に合格し、六月二十二日に「薬剤師免状」第四九号を下付される。新婚まもなく、東京本郷の東京帝国大学前にあった近藤薬局に見習いとして勤めた。そこでは、傷口を水濡れなどから守ったり、包帯やガーゼを滑りにくくするためにそれらの下に敷く、黄色い亜麻仁油紙を作った。慶應病院から一日二百枚の注文を受けたときは、雁皮紙《がんぴし》（ジンチョウゲ科植物のガンピから作られた和紙）を亜麻仁油に浸して、それを一枚一枚クリップで挟んで天井からつるすので、薬局中が油だらけになった。綿花を脱脂して脱脂綿も作った。

榮助夫婦は新太郎夫婦との同居を好まず、横浜中村町の牛坂の中腹にあったフランス人新聞記者・ローザの家を買い取り、隠居した。ナカが「一緒に居ては互いに苦労するから」と別居に積極的で、同居したのは百日間にすぎなかった。二代目榮助を継いだ新太郎は店名を「紀伊国屋薬店」に改め、当時流行していた土蔵造りの店舗に改築した。

紀伊国屋薬店は広告で「和漢洋薬種類、絵具染料品類、薫物線香各種、麝香匂袋各種、諸売薬大販売、薬用ブドー酒、上気平安湯本舗、清水榮助」と謳い、幅広い商品を扱って、たいそう繁盛した。二代目

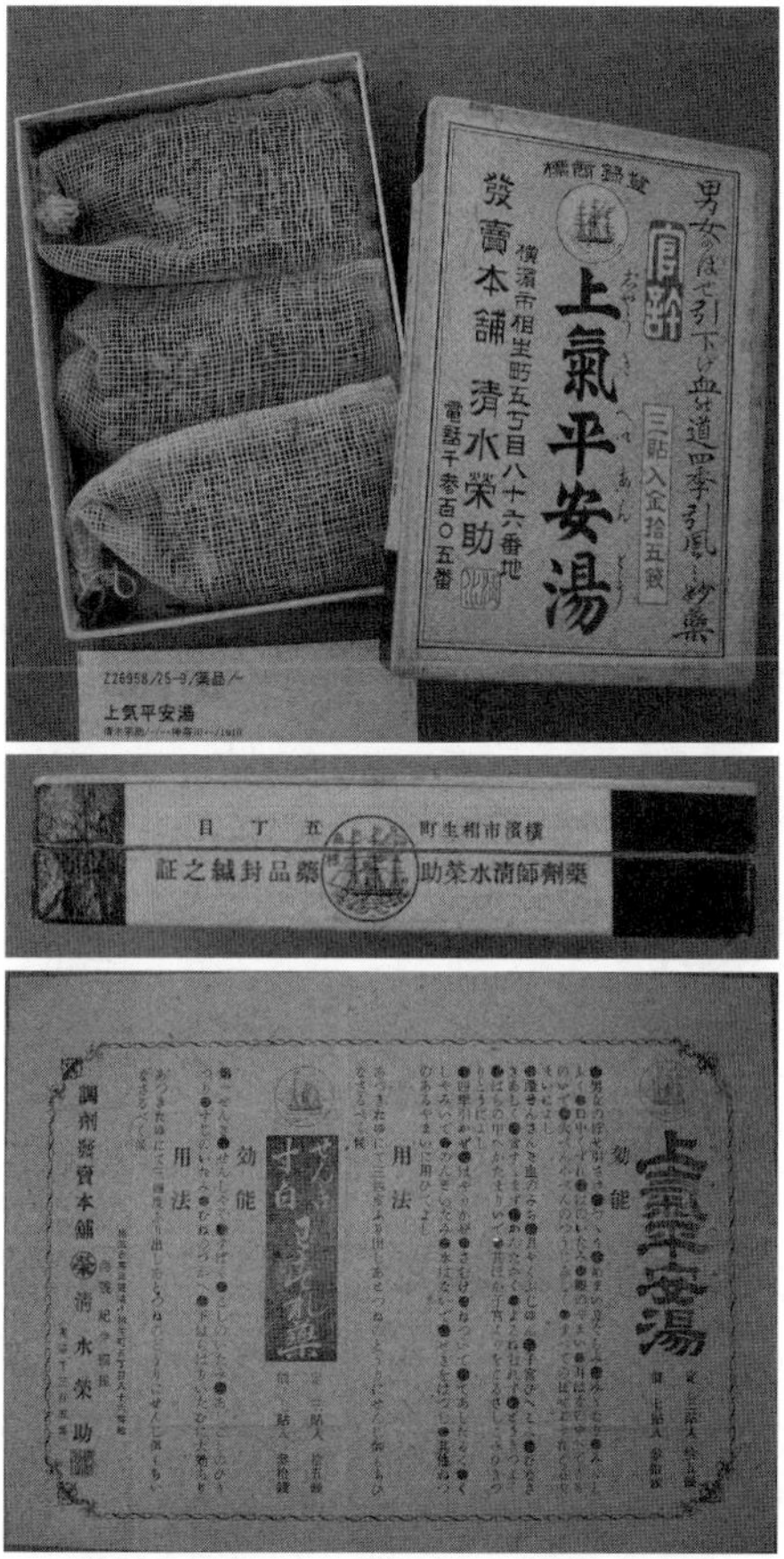

二代目が調整した「上気平安湯」（アメリカ・ハイデザートミュージアム所蔵；清水良夫・真知両氏撮影）

が調整した「上気平安湯」は、平成時代の初め、アメリカ・オレゴン州ベントのハイデザートミュージアムで見つかっている。当時としては珍しく、製品単位のLot（ロット）や封函紙の概念を持って製造していたことが見て取れる。

藤太郎は結婚して義理の父になった清水榮助から家業のいきさつを聞き、苦労して薬業を引き継いできたことを知ったが、右も左もわからない薬店の仕事をどう進めていけばよいか不安も大きかった。とにかく二代目が発展させた薬店を自分の代で潰すようなことがあってはならないと肝に銘じ、先代を失望させまいとの思いを強くしていった。それにしても二代目と藤太郎は境遇があまりにもよく似ていた。

店名を「清水平安堂薬局」に改め、衛生検査所を併設

明治四十四（一九一一）年八月、紀伊国屋薬店を継いだ藤太郎は、まず、店の名前を変えた。それまで、「紀伊国屋」、「済世堂」、「清水」などと、いろいろな名称で呼ばれていたが、それは得策ではないと考えたのである。客の多くが、販売していた家伝薬の上気平安湯にちなんで、店を「ヘイアントー」と俗称で呼んでいたので、「これだ」と思い、「清水平安堂薬局」に改めた。さらに、新しい薬局の姿を大衆、医師に知らしめるため、大正元（一九一二）年八月一日付の『横浜貿易新報』に「各病院、諸大医処方調剤、薬品鑑定分析、清水平安堂薬局　横浜馬車道通り　上気平安湯本舗・薬剤師　清水榮助、元神奈川県技手・薬剤師　清水藤太郎」の広告を掲載した。

店の名前を変えた後、あらゆる薬品を集めて見本にして店頭に陳列した。左官や大工が使う地の粉、布粉、板膠、くちなし、中国から入手した生薬などを標本瓶に入れ、棚を作って並べ、通る人の目を引きつけられるように工夫した。扱った商品は洋薬、売薬、自家製剤などで、洋薬は東京の小西新兵衛商店、山口吉兵衛商店より、主にドイツからの輸入品であるアドレナリン、アンチピリン、ウロトピン、タカジアスターゼ、デルマトール、ノボカインなどを仕入れた。売薬は浅井万金膏、太田胃散、亀田六神丸、岸田精錡水、喜谷実母散、浅田飴、宇津救命丸、高木清心丹、大学目薬、塩釜サフラン粉、角力膏（赤膏薬）、龍角散、仁丹、宝丹などを東京の福井商店から仕入れた。紀伊国屋薬店の頃から製造販売していた、いくつもの家伝薬の販売にも力を入れた。婦人薬の上気平安湯、アンチヘブリン剤の平熱薬、キニーネ剤の平熱丸、胃腸薬の六物黄丸、懐中薬の龍脳円、小児薬の奇応丸、仙気薬のせんきわすれ薬、皮膚病薬の梅花香などを製造販売した。家伝薬のほかに、新たに売薬も製造して販売した。頭痛薬のカムナ錠、ゲンチアナ剤の健胃錠、梅毒治療のブレノール、解熱薬のアンチピリン、歯痛液のクレオソート剤、鎮咳去痰薬のベルツ散、止瀉薬のビスミット、口中剤のオロミットなどである。これらの製剤には和漢薬を用いることも多いので、一通りのものを備えた。

明治四十五（一九一二）年一月十三日に長女が生まれた。「よく頑張ったね」と妻にねぎらいの声をかけると、自然と涙が頬を伝っていた。妙子と命名し、その成長とともに先代から引き継いだ店を少しでも大きくしようとの思いを強くした。

大正元（一九一二）年には店内と奥の部屋の改造に踏み切った。あちらこちらで店を改装するところが出てきたのが刺激になった。まず、間口を三間六尺（七メートル）に広げ、正面に向かって左に人目

上：大正元年の清水平安堂薬局店内。ユニフォーム姿の店員と藤太郎（左端）。
下：改装中の店舗。店先にショーウィンドーを設置し，西洋化を図った。

につくように幅二間三尺（四・五メートル）、高さ一間一尺（二メートル）の大きなショーウィンドーを備えつけた。一間一尺（二メートル）×五尺（一・五メートル）くらいの厚いガラスを横にして二枚並べて周囲にコンクリートで枠を作り、その左側の一間一尺（二メートル）を入口にした。店内は畳敷きの左三分の一を土間にして、そこに新しく大きなガラスケースを置いて、商品を並べた。店全体をコンクリートの土間にして、左側にあった太い八寸（二十五センチ）角の大黒柱を太さ一寸七分（八センチ）ほどの鉄のパイプに変えた。ショーウィンドーの中にガラス戸棚をつけて商品を飾った。土間には道路に直角と平行に大きな木箱のケースを置いた。銭箱をやめてナショナルのキャッシュレジスターに変えた。

店を改造したとき、県庁で衛生業務に携わった経験を活かすため、約五坪（十五平方メートル）の試験室を作って「横浜衛生検査所」の看板を掲げた。名称をそうしたのは、神奈川県薬剤師会の申し合わせにより加藤豊次郎が「薬品試験所」の、栗原清八郎が「製薬所」の看板をすでにそれぞれの薬局に掲げており、重複を避けたためである。「横浜衛生検査所」には、県庁に勤めていたことを知っていた業者から、牛乳の良否、日本酒のサリチル酸含量限度試験などのほかに、飲料水試験の依頼があった。

一番の悩みの種は鉱泉の試験だった。試験には二か月の期間を要するのに、報酬は国立衛生試験所並みの三十円（大工の一日の手間賃が一円二十銭ほど）で、とてもではないが採算が合わなかった。それでも江の島のエビス屋から依頼されて引き受けてしまった。邸内の鉱泉を分析し、ラジウム放射能をファンタクトスコープで計測した。このとき調べた結果は、浴場に長く掲示された。また、船会社から頼まれた海水のクロール（塩素）やマグネシウム試験は簡単だったので、最初、一件三円で請け負った。

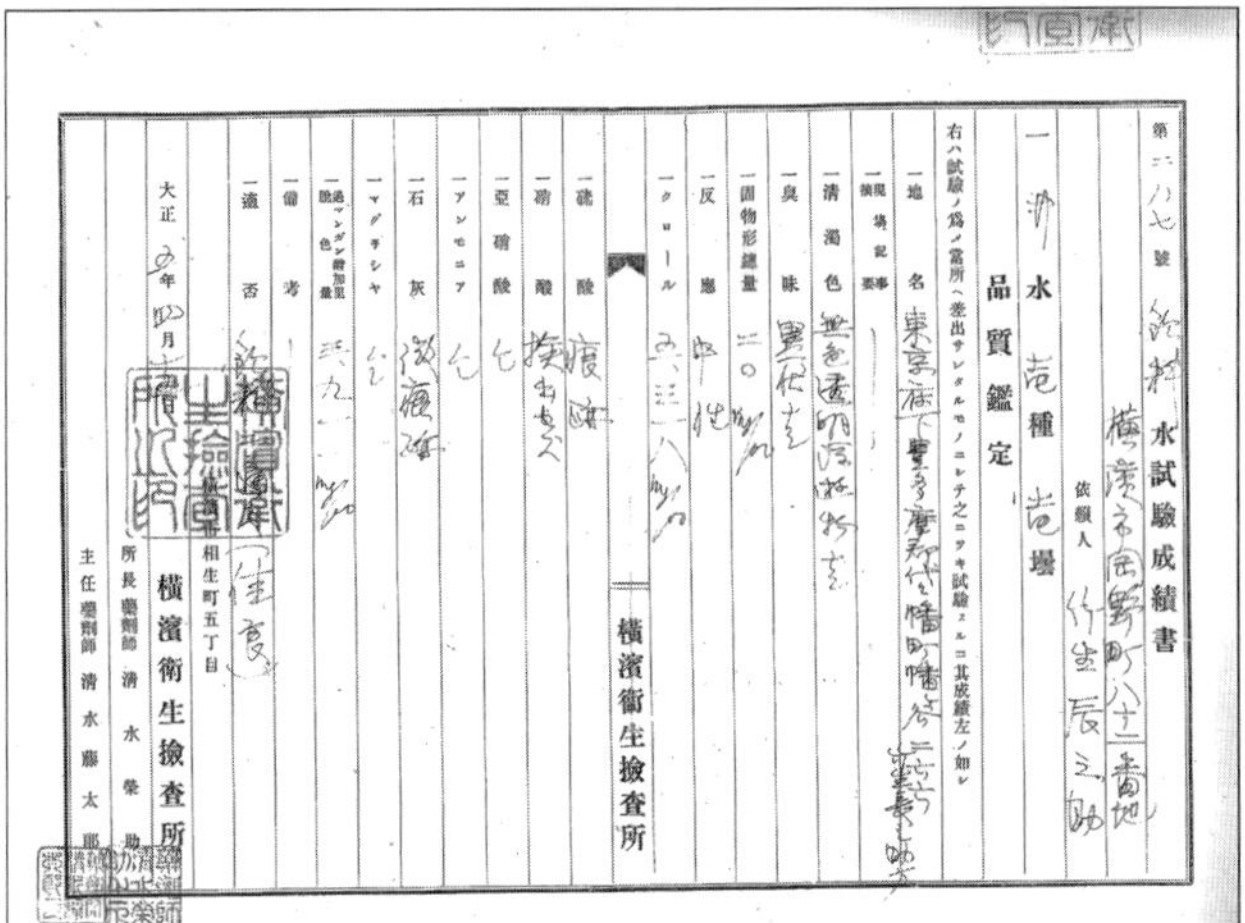

第　　號　　水試驗成績書

依頼人

一　　水　　種　　場

品質鑑定

右ハ試驗ノ爲メ當所ヘ差出サレタルモノニシテ之ニツキ試驗スルニ其成績左ノ如シ

一地名

一現場記事

一清濁色

一臭味

一固形物總量

一反應

一クロール

一硫酸

一硝酸

一亞硝酸

一アンモニア

一石灰

一マグネシア

一過マンガン酸加里消費量

一備考

一適否

横濱衛生檢査所

大正　年　月　日

横濱市相生町五丁目

横濱衛生檢査所

所長藥劑師　清水榮助

主任藥劑師　清水藤太郎

上：薬局内の横浜衛生検査所。右端が藤太郎，左端は久内清孝。藤太郎とともに，牧野富太郎が講師を務める横浜植物会のメンバーとして活躍。植物分類学の権威となり，２万点以上の植物採集標本を残している。帝国女子医学専門学校に薬学科が増設されると教授に就任し，植物学を教えた。
下：飲料水試験成績書。

そのうちいろいろなものを持ち込まれるようになったが、一々試験を行うのにかなりの時間がかかるので、五円を請求すると、高いと言って未払いが続いたため、喧嘩別れしたこともあった。このように検査所の仕事は時間がかかり採算が合わない上、依頼者の認識も低いため、大正の末にはやめてしまった。

オリジナル屠蘇散の販売

清水平安堂薬局の営業時間は朝八時から夜十一時までで、四人の店員が働いていた。皆住み込みで、毎朝の最初の仕事は、店の両脇に看板を立てかけ、生薬などの箱を道路際に出すことであった。風が吹いたり、雨が降りだすと大変だった。看板が重いので、年少の店員が抱えたまま引っくり返る光景がよく見られた。店にはときどき、前にここで働いており、その後、横浜市内で開業した小林庄吉、梅沢義孝、相原倉吉らが出入りし、にぎわった。店の休みは、最初の頃は一年のうち元旦のみだった。そのうち、三が日を休みとし、四日目から、配り物を箱車に積んで店員二人に引かせ、紋付・袴姿で三日がかりで得意先、親戚へ年始の挨拶に出向いた。それを終えると、店を守っていた二人を連れて関内、伊勢佐木町、神奈川方面を回った。

売薬の販売が主で、西洋薬、線香、薫物、また、ベーラム、ヘアトニック、ポマードなどの男ものの化粧品や、ライオン歯磨きなどを売った。客一人の買い物は平均二十～三十銭（白米一升が二十五銭ほど）で、一日、百五十人くらいがやって来た。比較的手の空いている時間を見計らって上気平安湯、梅花香などの生薬製剤を作り、販売した。

上気平安湯は先々代、先代から受け継いだ薬で、誰もがよく知っており、根強い支持があった。東京の山口吉兵衛商店、金原市兵衛商店から二十種類の和漢薬を買い入れ、店で製造した。まず片手盤で切り、両手盤にかけて大きな目の篩にかけて粗切品を作る。次に、大きな鍋で加熱して虫殺しを行い、ほかの生薬を加えて一包約十グラムの小麻袋に入れて製品化した。梅花香は一名を「あせ知らず」と言い、白色ワセリンと、香気をつけるための龍脳にウキ粉（小麦の澱粉を精製したもの）を混ぜてハマグリの貝殻に入れて売った。冬季にたくさん作っておいて、夏に客へのサービス品として進呈もした。そのほかの方剤も同じように店で製造し、袋に入れて販売した。

片手盤（片手切：上）と両手盤（両手切：下）
（内藤記念くすり博物館発行『目で見るくすりの博物誌』より）

九月頃になると、三〜四か月ほど航海している遠洋航路の船から、百個の屠蘇の注文が電信で入り、もう今年も終わりに近づいてきたと店の中がそわそわし始める。時の流れの速さを実感するようになり、田舎から出て来ている店員は故郷の親、兄弟を思い出していた。十二月には新たな注文も入り、また、正月用として店頭に出すため、かなりの数の屠蘇散の製造に追われた。大晦日は十二時過ぎまで店を開き、全員が徹夜で働いた。

屠蘇は中国から伝来したもので、わが国では平安時代の初め、弘仁年中（八一〇年）、嵯峨天皇の頃から使われるようになり、弘仁、延喜の時代に盛んになった。その名前の由来にはいろいろ説があり、悪鬼の蘇を屠《ほふ》ることによるとか、屠蘇庵という草庵に住む人が作り配ったという故事によるとも言われている。

大晦日の日中に井戸の中につるして下の泥がつかないようにし、元旦に取り出して温酒三合（約五百cc）の中に入れ、家の東戸に向かって三勺（五十cc）ずつ年少者から年長者の順に飲む。「一人これを飲めば一家病がない。元旦、二日、三日の朝に飲んでカスは井戸に入れる。その井戸水を飲めば一代の間、無病である」と言われた。『千金方』には屠蘇酒は疫病を払い、人をして温病および傷寒（熱病）に罹らないようにすると書いてある。

処方はいろいろあるが、平安堂では浜防風、山椒、桂皮、晒桔梗《さらしぎきょう》、白朮《びゃくじゅつ》に陳皮を加えてオリジナル商品として販売した。屠蘇は香りが重要であるため、生薬は専用に新しいものを仕入れて使った。

山椒は、その年の夏から秋にかけて収穫した良質な静岡藤枝のものを使った。浜防風は湘南地方の海浜に生えるものを乾かしてコルク皮を剝いで刻み、陳皮は自家製である。仲買に頼んで横浜の歌舞伎座などで集めてもらった皮から、混合物を取り除き、よく洗い、手でむしって小さくして乾燥させた。生薬はすべて両手盤にかけて粗切品にして、紅絹《もみ》の三角袋に入れて製品化した。

三角袋を縫うのは店の女性たちの仕事だった。紅絹のキレを染物店で求め、酒に入れても色が出ないように色抜きしてもらって使った。これを適当な大きさの四角形に切り、二つ折りにして同色の糸で細かく縫い、一端を閉じずに残しておき、キレの裏表を引っくり返し、開いているところから小さな匙で屠蘇散をはち切れないように八分目まで入れた。これを「延寿屠蘇散」と書いた厚紙の袋に入れて、赤い包み紙の説明書をつけて売った。関東地域では需要が多く、売り上げは伸びていった。

医師の処方箋調剤も行った。横浜在住の外国人医師から毎日十数枚持ち込まれた。中でもドイツ人医師 Hermann Grauert やアメリカ人医師 McSparran によるラテン語の処方箋が多かった。局方の研究でラテン語を身につけていたのが幸いした。外国人医師の処方箋をこなすため、月刊誌 "*Practical Druggist*" をアメリカの出版社から直接購読して、外国の調剤の勉強に臨んだ。雑誌に毎号、処方箋を解読する問題が掲載されていたので、それに挑み、解答を十年間送り続けた。一か月遅れてその結果が "SIMIDU HEIANDOO" の名で掲載された。

アメリカの薬局に触発される

藤太郎は二代目が培ってきた売薬製造販売を引き継ぐと同時に、さらに新しい手本がないかと、海外の薬学、薬業関係の雑誌にヒントを求めた。仙台にいた頃から英語を学び、横浜に来てからも英語専修学校の夜学に通い、何不自由なく英文が読めたのが役に立った。海外の薬局事情を知るため、アメリカから薬局経営に関する参考書 Farrington "*Store Management Complete*"、O' Connor "*A Treatise of*

Commercial Pharmacy"や月刊誌"*Practical Druggist*"を取り寄せ、新しい形の薬局のあり方を探った。それらを熟読しているうちに、アメリカでは薬局が医薬品のほかに、写真の現像、引き伸ばしの事業を手がけ、さらにソーダ水、アイスクリームなどを店頭で販売し、客が飲食できるコーナーを備えているのを知り、興味を持った。さっそく平安堂薬局でも、海外の雑誌を参考に、薬剤師の技能力を応用した経営を試みることにした。

特に写真は仙台の医学専門学校雇の頃からの趣味で、撮影を楽しんでいたが、まさか事業になるとは思いもしなかった。横浜に来てからもキャビネ版の組み立て式カメラを持って出かけ、よく写真を撮った。その影響を受けて、義弟で薬剤師の稲岡萬寿美や店員たちも趣味で写真を始め、現像・焼き付けまで行っていた。店員を中心に写真仲間も増えたので、店頭、店内を改装して大正二（一九一三）年には本格的に写真材料の販売とＤＰ（現像・焼き付け）事業を始めた。

薬局初のＤＰ事業を始める

一般人向けにＤＰ事業を専門に行ったのは、薬局では日本で初めてと言われている。結構いい商売になった。大正四（一九一五）年にアメリカのイーストマン・コダック社が四十×六十五ミリの小型の定焦点で八枚撮りのベストポケットカメラを売り出したのがきっかけとなって、アマチュア写真家が増えたのが幸いした。その人たちのほとんどが、夜に風呂場を暗室代わりにして現像・焼き付けを行っていたが、湯で乾板のゼラチンを流してしまうなど、失敗することが少なくなかった。自分でできないとなれば写真師（うつしや）に頼むほかになかったが、一週間ほどの時間がかかる上に料金も高いので、現像・焼き付けはビジネスになると確信したのである。店の奥を二階建てに改築したとき、角の貸家と店の土蔵の間にできた二坪ばかりの空き地に暗室を作り、電気を引いて、写真の現像・焼き付け、引き伸ばしができるようにした。はじめは仕上げに二〜三日かかったが、後に二十四時間サービスにした。現像・焼き付けは午後五時までに頼まれれば、翌日の午後五〜九時に仕上げた。現像のみなら午後五時に注文してもらえれば翌朝十時に手渡すようにした。焼き付けのみは午前九時に締め切り、当日の午後六〜九時に仕上げた。その頃のネガはガラス製の乾板で、イギリスのマリオン、イルホード、ワーウィック製がよく用いられた。フィルムは明治四十三（一九一〇）年頃からイーストマン社のロールフィルムなどが出回ったが、一般化しなかった。当時、印画紙、写真台紙などを販売する写真材料商はあったが、素人写真家向けに現像・焼き付けを専門とする写真材料商はなかった。DPを標榜して専門に短時間で引き受ける店は平安堂くらいだった。

写真業を充実させるために、イギリスから"*British Journal of Photography*"、ドイツから"*Photographische Industrie*"などの雑誌を取り寄せ、現像液、定着液のほか、閃光粉もマグネシウム末、アルミニウム末を使って自分のところで製造した。そのうち、カメラレンズに興味を持つようになり、イギリス、ドイツから"*Photographic Lenses*"、"*Bilderzeugung der optischen Instrumente*"、"*Schule der Optik*"など十種類の書籍を取り寄せて読み続けたが、立体解析幾何学の知識がないと理解できないので、横浜高等工業学校（後の横浜国立大学工学部）の夜学に通って数学の教師に算式の解説を頼んだ。しかし、それまでいろいろなことを学んだ藤太郎であったが、光学だけはついに身につかなかった。

写真業は戦後、昭和三十一（一九五六）年まで長く続いた。この間、新製品や、マニア向けに新聞も出した。昭和三（一九二八）年に写真の曝写時間を計る表を改良して三枚回転のスライドを考案し、“Shimizu's Exposure Meter” の名で実用新案を取って売り出した。日本初の商品である。

はじめは洋紙に印刷してセルロイドを塗っていたが、紙がゆがんで示度が狂うので、セルロイド板に印刷して最後にアルミニウム板に刻印して売り出した。「簡単で丈夫で実用的　正確でしかも廉価な清水式曝写計」という大見出しで広告も出した。さらに、「この曝写計は最近改良されたもので、直径二

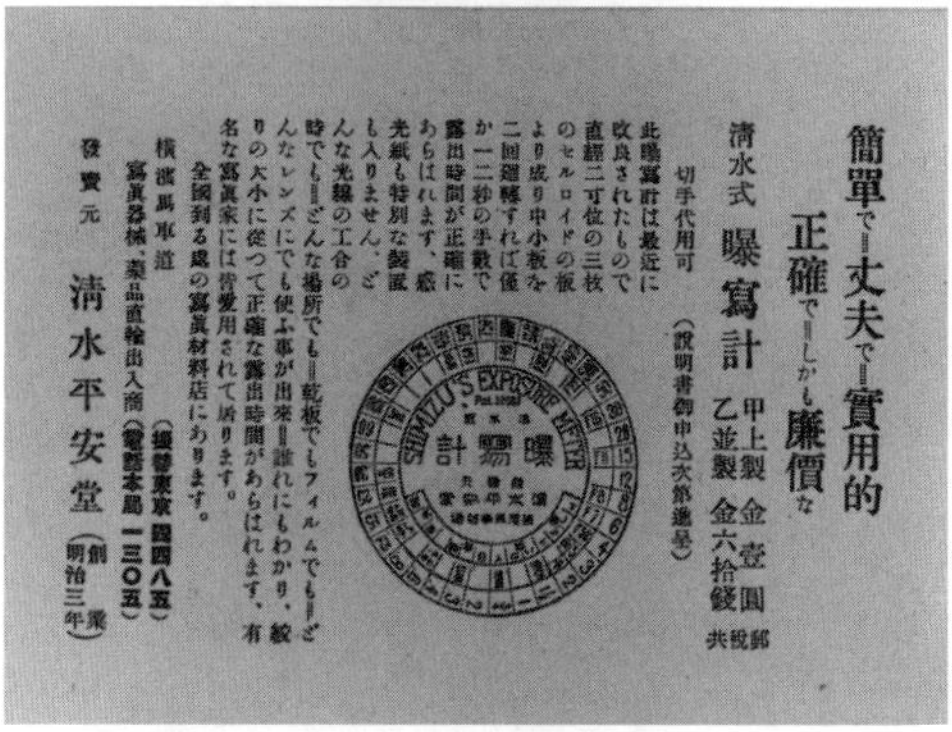

実用新案を取った，写真の曝写時間を計る清水式曝写計（上）とその広告（下）

寸くらいの三枚の丸いセルロイド板からできており、中の小さな板を回せばわずか一、二秒で露出時間が正確に計れます。どんな光線のときでも、どんな場所でも使えます。感光紙が乾板でもフィルムでも使えます。有名な写真家に愛用されています。全国至るところの写真材料店に置いてあります。横浜馬車道　写真機械、薬品輸出入商　清水平安堂」と紹介し、写真業の一面を打ち出した。大正十三（一九二四）年には、DP事業が盛んになったので『クスリとカメラ』という四ページの冊子を発行した。さらに横浜市内の薬局十四軒にDPの取次を頼んで、いわゆる写真取次事業を始めた。薬局仲間を代理店として、朝、自転車で注文を集めて、翌朝、出来上がり写真を届ける二十四時間サービスを行った。横浜で長くDP以外に写真機材などを扱っていた薬局は、ほとんどがその名残である。

震災の翌年に創刊された『クスリとカメラ』。店の看板にも「カメラ」の表示が見られる。

ソーダ水、アイスクリームの製造販売

薬局の業務を広げていた頃、世の中も大きな変化の中にあった。大正三（一九一四）年八月、第一次世界大戦が勃発して、不況から復興の過程にあった日本経済は未曾有の好況を迎えた。開戦後しばらく

の間は、世界貿易が縮小して横浜の経済も沈滞していたが、大正四（一九一五）年の後半から好景気を迎え、横浜の貿易額は年々上がっていった。大正二（一九一三）年に五億五千万円だったのが、大正六（一九一七）年には九億五千万円、大正八（一九一九）年には十七億円となり、三倍を超えるまでになった。経済の好況が直接、市民生活に反映されたわけではなかったが、ムードとして社会が豊かになってきた感じがあった。経済が好転してきたこともあり、藤太郎は前からやりたかったソーダ水、アイスクリームの製造販売に乗り出した。

大正八（一九一九）年に、当時、日本では珍しかった、アイスクリームとソーダ水を飲食できるコーナーを平安堂薬局の店の一角に作り、流行の最先端を行く薬局であると話題になった。今から百年近く前のことである。

製造に必要な機器、機材を、横浜元町にあった西洋の器具を扱う宝田商会から買い入れた。さらに、アメリカ・シカゴのBastian-Blessing社から、長さ二メートルの室内用ソーダ水装置（ソーダファウンテン・インテリア）一式と炭酸ガス混合器のカーボネーター、五ガロン（約二十リットル）のアイスクリームフリーザー、アイスクリームコップ、ディッシャーなど一式を直接輸入した。

ソーダ水は二十リットルくらいの炭酸水のタンクにソーダファウンテンを取りつけ、コップにシロップを入れて上から冷やした炭酸水を注入する方法が一般的だった。しかし、藤太郎は液体炭酸ガスボンベから炭酸ガスを直接カーボネーターに導き、圧力をかけてシロップと混合し、冷やしてプレーンソーダ水としてコップに注ぎ込む手法をとった。シロップにはレモン、ストロベリーのほかにコカコーラ、サルサパリラ（カリブ海地方の清涼飲料水用香味料）、ルートビア（アルコールを含まない炭酸飲料の一種）も使った。レモンとストロベリーのシロップは自家製である。ソーダ水の事業については東京麹町の斉藤薬局の斉藤実に学んだ。一枚二十銭（白米一升が五十五銭ほど）の券を購入してもらう販売方法をとり、お得な十一枚で二円の回数券も作り、サービスした。

行列ができた、大評判のアイスクリーム

アイスクリームは横浜と縁が深く、藤太郎は売れると信じていた。明治二（一八六九）年六月頃に横浜馬車道常盤町五丁目で町田房造が「氷水店」を開いて、氷やアイスクリームを販売していたことを知っていたからである。馬車道通りは「日本アイスクリーム発祥の地」になり、後年、記念碑が建てられている。

明治の頃、アイスクリームは機械製造ではなく、もっぱら手作りだった。大正の世に移っても、まだ、一般に販売されることは少なかった。店で売り出すには自分のところで製造するほかになく、まず、五ガロンのフリーザーを輸入した。次に、大正八（一九一九）年刊行の"*The Book of Ice Cream*"や雑誌"*Ice Cream Journal*"をアメリカから取り寄せ、脂肪量、糖量、固形物総量などを計算して製造の準備に取り掛かった。一日目には、材料の牛乳、クリーム、脱脂粉乳、ザラメなどで脂肪十パーセント、糖分十二〜十五パーセント、固形物総量三十五〜四十パーセントとし、安定剤としてゼラチン〇・五パーセントを混和し、変質を防ぐため加熱滅菌した。一日放置した後、三日目に電気モーターを使い、氷と塩で凍らせ、気泡を入れ、容量を六十〜八十パーセント以上増量させて回転を止めた。粘性を失うと増量しにくくなるため、ヘラで薄くダラリとさせて、そのまま二十四時間、塩と氷で凍らせる。風味にバ

ニラエッセンス〇・五パーセントを混ぜ、五日目に客に出すようにした。

商品化には時間がかかり、苦労も多かった。気泡が入らないと蠟を嚙むようなものになり、砂糖が多すぎるとフカフカとしたものが出来上がる。牛乳が多いと乳糖の結晶がカチカチと歯に当たってしまう。試行錯誤の末、出来上がった試作品を店員に食べてもらうと、「先生、おいしいですよ。売れますよ。これは」と口の周りを真っ白にしながら言ってくれ、自信を持った。営業していくためには、衛生面にも配慮した。細菌の混入を防ぐため、増量するときに混和したものを水浴上で煮沸滅菌した後、密封して二十四時間放置した。次にバニラエッセンスを加え、再度、二十四時間、塩と氷で凍らせ、固化させた。

出来上がったアイスクリームは分配器を使ってニッケルメッキの皿に敷いたパラフィン紙の上に流し込み、その上に自家製のマシュマロシロップ（アルテア根）やチョコレートシロップをかけた。さらに、さくらんぼを乗せて"Ice Cream Sundae"（アイスクリームサンデー）と名称をつけ、三十銭で売り出した。うまさに珍しさも手伝って評判となり、よく売れた。

大正八（一九一九）年に横浜公園で開かれたバザーに出店すると、行列ができるほど大好評だった。外国人の客も訪れ、「ナイス」、「グッド」、「デリシャス」、「ビューティフル」といった言葉があちらこちらで飛び交った。藤太郎はアイスクリームを単に嗜好品としてではなく、蛋白質十パーセント以上、脂肪八パーセント以上、糖分十五パーセント以上、固形物総量三十五パーセント以上を含んでいることから、「栄養食品」ととらえた。また、成分調整には化学的、物理的、細菌学的な知識が求められ、薬剤師に打ってつけの面白い仕事であると感じた。

薬のほかに、使われ始めたばかりのポマードなどの男性化粧品や、オーデコロン、シェービングクリーム、口中香水、匂袋、さらに、歯磨きも扱った。現在の薬局の原型を作ったとも言える。

海外からの情報を得ることに喜びを感じ、今まで縁のなかったフランス語にも手を出した。大正三（一九一四）年、横浜山手の谷戸橋際のフランス領事館でフランス語講習会が始まったのを聞きつけると、すぐに入会した。はじめは総勢五十人ほどの会だったが、次第に減り、一～二年後には十人ほどになってしまった。教師は横浜の西洋人学校・セントジョゼフの校長で、フランス語、フランス文化を普及させるためにさまざまな活動を行う団体に属している Alliance Francaise の一人、ガシーである。講義は主として英語を使って行い、生徒の興味を引くような話題を挙げて面白く展開させた。プレーヤーを持ち込んでフランス民謡などを聞かせる念の入れようだった。フランス国歌の「ラ・マルセイエーズ」などを繰り返し流すので、ほとんどの受講者が覚えてしまった。フランス人の素人芝居が領事館から三百メートルほど離れたところにある西洋人向けの劇場・ゲーテ座で上演されたときは、受講生は入場料金が半額になるという特典があったので、声をかけて大勢で観劇した。フランス語が理解できると気負って見に行ったものの、セリフの〝a la gare〟（停車場へ）が聞き取れたぐらいで、ほかはさっぱりわからず、失望したこともあった。

多くの薬局が混合販売に乗り出し、裁判に

藤太郎が薬の販売のほかに、写真業、ソーダ水、アイスクリームの販売などの事業を展開していたとき、多くの薬局では、ほとんどの医師が処方箋を交付しなかったために、本来の業務である調剤は皆無に等しかった。経営は苦しく、そのため、薬剤師らの多くはもっぱら患者の求めに応じて薬を調合して

投与する混合販売を行っていた。

これは、処方箋なしの調剤であると医師らの反発を買い、次第に大きな社会問題に広がっていった。事態を重く見た神奈川県知事は、大正二（一九一三）年一月二十九日、内務省衛生局長に、薬剤師が薬局で公衆の依頼を受けて口頭、または持参した覚書をもとに薬品を混合した場合、薬品営業並薬品取扱規則（「薬律」）第十四条に抵触するか、を照会したところ、衛生局長から「差し支えない」との回答書を得る。これが免罪符となって、顧客の要望に応えるために、胃腸薬として重炭酸ナトリウム、ジアスターゼ、ゲンチアナを処方箋なしで配合して販売投与する例が多く見られるようになった。

こうした動きに対し、医師らが、「処方箋によらない調剤は法律違反である」と問題視し始め、各地で裁判に発展する例が見られるようになった。大正四（一九一五）年七月には、浜松市で一人の薬剤師が医師の処方箋なしで塩酸キニーネを調剤して販売していたことが明るみに出て、刑事上の問題となった。第一審の浜松裁判所は罰金刑の有罪判決を言い渡したが、その後、薬剤師側が控訴し、最終的には無罪になった。

大正五（一九一六）年には、岐阜県大野郡高山町の薬剤師が、八月から十月にかけて、患者の容態を聞いてそれに適応する薬を混合販売していたことが発覚し、その行為は医師法違反であるとして訴えられ、岐阜地方裁判所で有罪とされた。上告したが大審院で棄却され、有罪が確定した。

大正六（一九一七）年三月十六日に、東京芝区で起きた八人の薬剤師による無処方調剤は大きな事件となって、世間を騒がせた。いわゆる「芝八事件」で、大審院で有罪判決が言い渡され、最終的には無罪となったが、芝区の薬剤師がそれぞれ客の依頼に応じて胃薬、腫物薬、耳病薬などを処方箋なしで調剤したことが医師らにわかり、裁判に発展した。混合販売の問題は薬剤師の存在を脅かすものであり、日本薬剤師会は後藤新平内務大臣に陳情書を提出し、裁判では高名な弁護士に依頼するなどの行動に出た。芝八事件の裁判は三年に及び、大審院から千葉地方裁判所に移されて公判が開かれ、無罪判決となった。その後、検事正が不服として再び大審院に上告したが、一週間後の大正八（一九一九）年二月十五日には無罪となり、結審した。

大正六（一九一七）年七月三十一日には、東京牛込区の薬剤師が医師の処方箋によらずにサルソウ一グラム、単舎利五グラムを水で溶解し、風邪薬として一日三回分の量を販売したことが薬品営業並薬品取扱規則違反として訴えられ、東京区裁判所が五月二十四日に有罪判決を言い渡した。その後の控訴審で東京地方裁判所は無罪判決を下した。医師側が混合販売にこだわったのは、薬剤師が職域を侵害するおそれがあったからである。

藤太郎は外国人医師の処方調剤を行っており、混合販売を行うことはなかった。薬剤師には調剤権がある。この問題は日本の薬事制度の不備の表れであり、薬局への風当たりが強くなり、薬品巡視が厳しくなるのを心配した。

横浜植物会に入会、著名人との出会い

藤太郎には、忙しい仕事の中で一つ、楽しみがあった。植物採集である。自然と親しみながら、方々

を歩き、運動不足の解消にもなり、植物学の勉強もできるからだ。行く先は限られてはいたが、至福の時だった。薬局を引き継いだとき、横浜弁天通りの丸善薬店店主の和田治衛から横浜植物会に入らないかと誘いを受けた。この会が植物学で有名な牧野富太郎《まきのとみたろう》を講師にしているのを知らされ、二つ返事で参加を決めた。会員が学校の教員や会社員、銀行員、薬剤師など幅広く、薬以外の話ができて、知識に広がりが出ると考えた。

最初の採集旅行は神奈川県の道了山で、国鉄の松田駅から歩いて登り、道了神社で一泊して、翌日はさらに高い標高九二三メートルの明星ヵ丘を目指した。登頂した後、宮城野、宮の下、湯本を経て、電車で小田原に出て国府津から国鉄に乗り換えて横浜に帰った。

しばらくして幹事に推されたので、毎回、写真を撮るためキャビネ版の大きな組み立て式カメラと三脚の入った袋を担ぎ、野冊（採集した植物を挟んで持ち歩く道具）を携えて行った。牧野富太郎について歩き、指示された多くの植物を写真に収めた。富士の裾野の須走口の一合目で会員の八人がカラマツの木に登っているところを撮った写真は思い出深い。富士山を背景にカラマツの木の一番下に久内清孝が両手で枝をつかみ、その上を藤太郎、住川勝蔵、牧野富太郎、小畔四郎の順で登り、一番上には松野重太郎が収まった。

横浜植物会の講師も務めていた牧野富太郎

「人のなる木」。横浜植物会員８人でカラマツの木に登る
（下から４人目が牧野，２人目が藤太郎）。

横浜植物会からは大学教授も生まれた。大阪商船の船客係だった久内清孝は外国語に精通しており、植物が好きで研究を続けているうちに帝国女子医学専門学校薬学科の植物学の教授になった。植物のほか、鉱物、動物にも詳しい博物学者となり、自然界の観察は人には譲らないほど精密で鋭かった。東京帝国大学の植物学者である中井猛之博士をして「ウの目、タカの目の前に久内の目がある」と言わしめるほどの人である。横浜植物会は毎回にぎやかな楽しい会だったが、次第に世話人メンバーが教員になったことと、東大の若手研究者が大学で指導する立場になったことが重なって、楽しい同好の会から固いアカデミックな会へと遠ざかってしまった。そのうちに植物採集会で藤太郎が薬用植物について、中学の教員で俳人でもある松野重太郎が一般植物を教えるようになった。

牧野富太郎が明治四十四（一九一一）年、東京に開いた植物同好会にも入会した。牧野とは二十年の付き合いになり、親交を深めた。平安堂の恵比寿講の小宴に招くといつも快く受けてもらえた。手紙やはがきのやりとりをするようになり、その数は五十通以上にもなった。採集した植物の主なものは、牧野の指導で『植物研究雑誌』の大正時代の巻に掲載された。

そんなあるとき、「清水さんは薬剤師だったね。帝大の薬学でも植物採集をやっているから、そっちに出るのもいいのでは」と教えられた。薬剤師なのだから薬草にも詳しくなった方がよいだろうという牧野の心遣いが感じられた。帝大の植物採集会とは、東京帝国大学薬学科の朝比奈泰彦《あさひなやすひこ》教授が毎週日曜日に学生を連れて行く植物採集だった。牧野のはからいで入会させてもらい、十歳も十五歳も年下の数人の学生や研究生と泊まりがけで奥多摩、富士山麓などに出向いた。大学には行けなかった藤太郎は、若い学生と一緒に勉強できることに喜びを感じていた。一方、学生たちは横浜の一薬局の主人が胴乱《どうらん》

（採集した植物を入れるブリキ製の箱）を担いで植物を採集し、薬草の故事来歴について議論を戦わす姿に驚いた。藤太郎は学生たちに植物研究での存在感を示していた。長く採集に参加していたおかげで一般的な植物の名前をことごとく言い当てることができたので、一目置かれるようになっていた。

このとき一緒に会に参加していた学生の中には、後に東大教授を務め、国立衛生試験所所長、日本薬剤師会会長となった石館守三や、京大教授、日本薬学会会長、日本公定書協会会長などを務めた刈米達夫らがいた。藤太郎はこの植物採集にも必ずカメラを持ち込み、朝比奈が鳥追い姿で地衣類を採集しているのを写真にとらえたこともあった。それが縁で親しさが増していった。

朝比奈泰彦は、東京帝国大学薬学科を卒業後、生薬学教室の助手となり、ドイツ留学し、帰国後、母校の助教授、教授となって昭和十七（一九四二）年に文化勲章を授与された日本の薬学の泰斗であった。朝比奈

影響を受けた，東京帝国大学教授の朝比奈泰彦（右は植物採集姿）

との邂逅も、後の薬学者・清水藤太郎を生むきっかけになった。朝比奈にはいろいろなことを教えられ、学問の深さを知った。特に、朝比奈が地衣類のラテン名に精通していたことは驚きであった。藤太郎はラテン語を、世界の薬局方の研究や、横浜に在住するドイツ人医師 Hermann Grauert やアメリカ人医師 McSparran が交付するラテン語の処方箋を読み込むことによって、実務の中で覚えていった。しかし、独学には限界があり、わからないことも少なくなかった。朝比奈は一薬局の主人が、ラテン語をある程度こなすことを知り、驚くとともに、出してきた疑問点にもていねいに教えて、ラテン語の辞書を贈った。

薬局でラテン語の処方箋による調剤をするとき、医学者が書いた『和欧対照・正しい処方の書き方』の本を参考にしていたが、そのうち、ほとんどのページでラテン語の文法に誤りがあることに気がついた。ラテン語を知らない人が書いたのではないかと朝比奈に相談すると、「私も協力するから正しいラテン語の処方解説の文法書を書いたらどうかね」とすすめられ、共編で『医薬処方語・羅和‐和羅辞典』を大正十五（一九二六）年に南江堂から刊行した。さらに、この本を編集したとき、植物学者の中にもラテン語を知らない人が多いと朝比奈が嘆いていたので、「先生、それでは植物学者、薬学者のために本を出したらどうですか」と切り出したことから、またしても共著で『植物薬物・学名典範―科学ラテン・ギリシヤ語法―』を立て続けに刊行することに

朝比奈との共著『植物薬物・学名典範』

なった。当時、ラテン語をこなす学者はほとんどいなかったため、藤太郎は大学人からも一目置かれるようになっていった。

関東大震災ですべてを失う

大正十二（一九二三）年九月一日の土曜日。仕事をしていると突然、大音響とともに店が上下に大きく揺れ、天井から物が落ち、棚が次々に倒れた。屋根の瓦がガチャガチャと音を立てて道に散乱する。関東一帯が震度六強の地震に見舞われた。関東大震災である。横浜中心部は江戸時代からの埋め立て地で地盤が弱く、被害は大きかった。平安堂の建物は土蔵造りだったので崩壊してしまったが、家族、店員は外の安全な場所に避難させたため、全員、無事だった。二代目から引き継いだ薬局も順調に動きだし、薬局方の研究や植物採集にいそしみ、新しい事業の展望も開けた矢先のことだった。震災で店のほか、売薬、生薬、新薬など、一切を焼失してしまった。心残りだったのは、横浜植物会で採集し、牧野式の標本箱で分類していた植物の腊葉《さくよう》（枝葉を押して作った植物標本、押し葉）が焼失したことだ。同じものは二度と作ることができない口惜しさがあった。

震災後、店を建て直し、二階建ての新生平安堂薬局としてスタートさせた。店の正面を平安堂薬局とし、角に面したところには平安堂写真部の看板を掲げた。

平常に戻り始めた大正十四（一九二五）年には、薬局方に関連する簡易な薬方集である『神奈川薬

関東大震災後の仮店舗（上）と再建された平安堂薬局（下：昭和 20 年の戦災で焼失）

方』を薬剤師会で発行した。第二版（昭和五／一九三〇）、第三版（昭和十三／一九三八）と重版されるほど評判がよかった。

そんなとき薬局、薬剤師に大きな波が押し寄せた。政府が大正十四（一九二五）年三月十六日、第五十回帝国議会に薬剤師法案、薬品法案を提出したのである。大正五～六（一九一六～一九一七）年から裁判にまで発展した、客の求めに応じて二種類以上の薬品を混合して販売する混合販売を、法律で決着させようというのがそのねらいだった。会期が切迫している中、薬剤師法はすんなり成立したものの、薬剤師を置けば資格のない人でも薬局を経営できる制度が導入され、池口慶三ら一部の薬学者は懸念を表した。薬品法は混合販売に関する第十条をめぐって、特に医系代議士からの反発が強く、審議未了となった。

薬剤師法が成立したとき、藤太郎は、「薬剤師さえ雇えば誰でも薬局を開設できるのは、薬剤師以外の豊富な資本を薬局に導入しようとするものであり、その結果、大部分の開局者は薬剤師の名義借りをして実体はパートタイムとなり、経営は悪い意味での商売主義になって、職業人としての自負が全くなくなる」ことを心配した。

また、各地の乱売業者の多くは薬剤師の名義を借りた人たちであることを憂いた。「営業が自由なアメリカでも薬剤師以外の人による薬局経営は弊害が大きく、法人の重役には厳しい規定を設けており、カリフォルニア州では薬剤師以外の人の新規開業を規制するために立案中である」と紹介し、日本もアメリカと同じようにすべきではないかを問いかけている。さらに、医薬制度に関し日本は世界でも最も遅れた国で、原始的な薬事制度が支配していると手厳しく批判した。

第三章
薬局のカウンターの奥から薬学者に

親しくなったチェコスロバキア人の客

関東大震災の後、京浜地区も世界恐慌の大きな打撃を徐々に受けていった。昭和二（一九二七）年三月二十三日、横浜金融界の老舗・左右田《そうだ》銀行が臨時休業し、経営の悪化が表面化する。金融恐慌のあおりを受けて預金引き出しが殺到し、休業時には預金総額一三五九万円に対して貸出総額が二三六七万円という状態に追い込まれていた。左右田銀行は再開できないまま、十二月に横浜興信銀行に合併された。

そんな経済の先行きが不透明な時代に、藤太郎は率先して薬局の店頭に立ち、薬業に精を出した。ほかの薬局と違って、イギリス人、アメリカ人、フランス人、スペイン人など、外国人の客がよく来た。最初のうち、英語以外の言葉は銭勘定で覚えていった。英語は中学生の頃から興味を持ち、また、県庁に入ったときには横浜英語専修学校の夜間にも通っていたため、自信があった。しかし、薬局に来る外国人は港から上陸したばかりの人が多く、彼らの話す英語のネイティブな発音は、なかなか聞き取れなかった。今までの勉強のやり方を悔やんだが、外国人と何度か会っているうちに聞き取れるようになり、会話もできるようになった。ドイツ人、フランス人、オランダ人が話す英語は、イギリス人、アメリカ人よりよく聞き取れ、コミュニケーションをとるのに苦労はしなくなった。

ドイツ語は仙台の医学専門学校薬学科で助手をしているとき、製薬実習の教材がすべてドイツ語の原著だったので、徹底的に勉強した。一年間で原著が読めるようになり、会話も一通りできるようになっていた。しかし、横浜に住むドイツ人は南部出身者が多く、"Leinsamen《ラインザーメン》"（亜麻仁）を「レーンサーメン」、"Deutsch《ドイッチュ》"（ドイツ）を「ダイチュウ」と発音し、聞き取るのに苦労もした。

外国人の客の中で、チェコスロバキア人のウルコウスキーとゾッファの二人とは親しい友人の間柄になった。ウルコウスキーは横浜山手の妙高寺山に住居があり、日本の雑貨を輸出する会社を経営していた。藤太郎が多少なりともドイツ語が話せるので、よくやって来た。カイゼル鬚をピンと生やしており、店の女性は怖がったが、人の良い人物だった。

藤太郎を「Sehr teuer クスリヤ」（高売り薬屋）と南ドイツなまりでからかうこともあったが、憎めなかった。「富士山に一緒に登ろう」と言うので、昭和二（一九二七）年七月二十三日、店員を一人連れて三人で登り、頂上で一泊した。

翌日、横浜に戻ると大変なことになっていた。妻の寿々が予定日より早く男児を出産していたのである。予定は一週間ほど後と聞いていただけに、思いもよらずオロオロしていると、妻に「名前をどうしましょうか」と聞かれ、女性の強さを感じた。臨月であった妻を置いて登山したことで、自責の念にもとらわれた。考えた末に、富士山に登頂したときに生まれたので、「不二夫」と命名した。長女に続いて長男を授かり、幸せな日々になった。

ゾッファも英語が話せず、ドイツ語が話せる藤太郎を頼って店によく遊びに来ていた。チェコスロバキアのモラビア地方の鉄物商の長男で、横浜に数か月間、滞在中の身だった。母国では陸軍の中尉である。家に上がり込んで飲んだり食べたりするほどの関係になり、横浜植物会の採集に連れて行くこともあった。会うとよく、チェコスロバキアの話を聞かされた。

「チェコスロバキアは第一次世界大戦後、カレル大学政治哲学教授のマサリク博士が大統領に就任して、独立国になった。独立する前までの四百年間、オーストリア人、ドイツ人から差別を受けていた。マサリク博士は第一次世界大戦中、東京にいたことがある。一九一四年、オーストリア軍のチェコスロバキア将兵は大挙してロシア軍に投降し、独立を図った。しかし、一九一七年にロシア革命が起きたため、七万~八万人のチェコスロバキア将兵は、シベリア鉄道を使い、数年がかりで満州、ウラジオストック、アメリカを経由して本国に戻った。ウラジオストックに到着した一九一八年、マサリク博士は単独で四月一日にそこを出発してハルピンを経て満州鉄道で朝鮮を経由し、釜山から連絡船で下関に入り、その後、東京に向かった。米、英、仏の大使、日本の外務大臣にも面会し、アメリカのウィルソン大統領宛てに『秘密親展覚書十四項』を送った後、横浜からバンクーバーを経由してワシントンに到着。十月十八日にワシントンでチェコスロバキアの独立を宣言する。チェコスロバキア本国でも十月二十八日、国民委員会が独立を宣言する。十一月十四日、マサリク博士が大統領に就任し、ニューヨークからロンドンを経由して本国に戻った。」

国家の成り立ちに関わる事柄だけに感動的だった。

ゾッファが帰国して、しばらく経った昭和三（一九二八）年三月七日には、二男が生まれた。名前をどうするか考えあぐねていたとき、生まれた日がマサリク大統領と同じであるのを思い出し、大統領にあやかってマサオ（正夫）と命名した。男子が授かったことをゾッファに報告し、その際、命名したMasaoとは日本語でGerecht man（公正な人）の意味であることも伝えた。それを喜んだゾッファが大統領に知らせたのか、翌年、東京のチェコスロバキア大使館を通じて、マサリク大統領からプラハの冬のカレル橋を描いた大きな版画に大統領の署名が入った額が贈られてきた。そのことが昭和四（一九二九）年五月二十四日の時事新報の夕刊に「日本の赤ちゃんへチェコ大統領の贈り物」として報じられ、チェコスロバキアの新聞の“*Vercerni Ceske slovo*”や“*Narodni Politika*”にも掲載された。正夫は一躍有名人になってしまった。

長きにわたり悩んだ病が漢方で改善

子供も長女、長男、二男の三人に恵まれ、二男の誕生の知らせを土産に、昭和三（一九二八）年の夏、しばらくぶりで故郷の仙台に遊んだ。仙台を離れ、薬の世界に入って二十年になり、四十歳を超えていた。父親も七十九の齢を迎えていたが、姉や弟たちと元気に過ごしていた。旧友、親戚の人たちとの邂逅も楽しく、甥の大森一郎と一緒に石巻、そこ

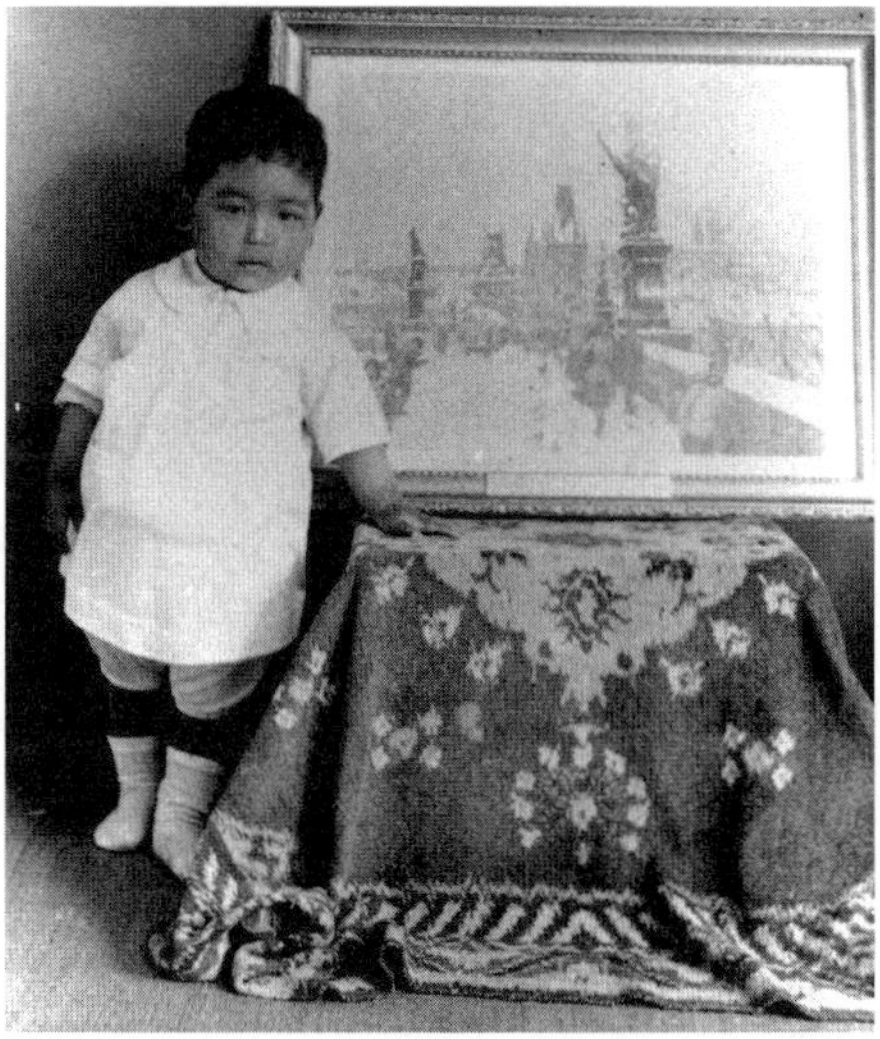

マサリク大統領から贈られた額と二男・正夫

から金華山への小旅行としゃれ込んだ。

ところが、船に乗るとしばらくして風が吹き始め、大きく揺れ、美しい風景も目に入らず、顔面蒼白になった。ひどい船酔いに陥る。船が早く陸に戻らないかと願うばかりで景色を見る余裕もない。船には予定航路があり、引き返してもらうことなどできず、がまんするほかなかった。

陸に上がっても船酔いのような症状は治まらない。幼小の頃は体も大きく丈夫だったが、成長するにつれ、虚弱になっていた。若いときから頭痛持ちで、中学生の頃は「ブルー」とあだ名をつけられるほど顔色はいつも青白く、季節の変わり目には毎年、発疹が出る体質になってしまっていた。石巻で治療を受けたが良くならず、病人となって友人らに付き添われて横浜の自宅に帰った。

西洋医学による治療では一向に改善せず、東京の田端まで足を延ばし、漢方医の湯本求眞《ゆもときゅうしん》の診療所を訪ねることにした。診療所は古ぼけた小さな平屋建てで住宅と兼用しており、患者も少ないようだった。女中も書生もおらず、開業医というよりは学者然としていた。診察を終えると、「大柴胡湯、桃核承気湯、当帰芍薬散を合方。大黄（七グラム）、芒硝（五グラム）、黄解丸（六グラム）、分三」が処方され、横浜に帰って、それをもとに調剤して三日服用すると、気分は何ともなかったが激しい下痢に見舞われた。すぐさま電話すると「悪いものだけを出すので心配はいらない」との返事だった。数週間服用すると、頭痛も軽快した。その後、船に乗っても酔うこともなく、発疹の症状も全く見られず、悩まされた症状は生涯にわたり再発することはなかった。ただ、常習便秘からは解放されず、黄解丸、麻子仁丸は手放せなかった。

漢方薬がこんなに効くとは思いもよらなかった。平安堂薬局は初代が振り出し薬「上気平安湯」を製造販売しており、二代目は患者の求めに応じて漢方薬を調合して販売するなど、もともとは漢方薬局であった。薬局の棚には『薬性能毒』、『家伝預薬集』、『大和本草』、『薬方選』、『漢方医学の新研究』、『皇漢医学』などの漢方に関する書籍が並んでいて、それを取り出して読んだことはあったが、理解できなかった。特に湯本の『皇漢医学』は読めば読むほどわからず、そのままにしていた。しかし、これを機に本格的に広く漢方の勉強を始めると、日本では江戸時代まで漢方医学が主流であったことがよくわかってきた。

明治七（一八七四）年八月十八日に制定された、初めての統一された医薬制度の「医制」で、医学教育に関し、漢方医が否定されて以降、次第に衰退していった。

日本の衛生行政の最高責任者であった長与専斎は、「漢方医は試験を受けることもなく相伝であり、試験に基づく西洋医学での医師養成が急務である」と主張していた。医務衛生百般を定めなければ何事も進まないため、明治八（一八七五）年二月十日、文部省は医術開業試験の実施を東京、大阪、京都の三府に布達する。試験科目は物理、化学、解剖、生理、病理、薬剤、内外科の七科と、眼科・産科・口中科のうち一科を選択する計八科であり、試験に合格しなければ医師になれないことを定めた。これに漢方医らは対抗し、明治十二（一八七九）年三月十一日、山田業広、森立之、浅田宗伯らが

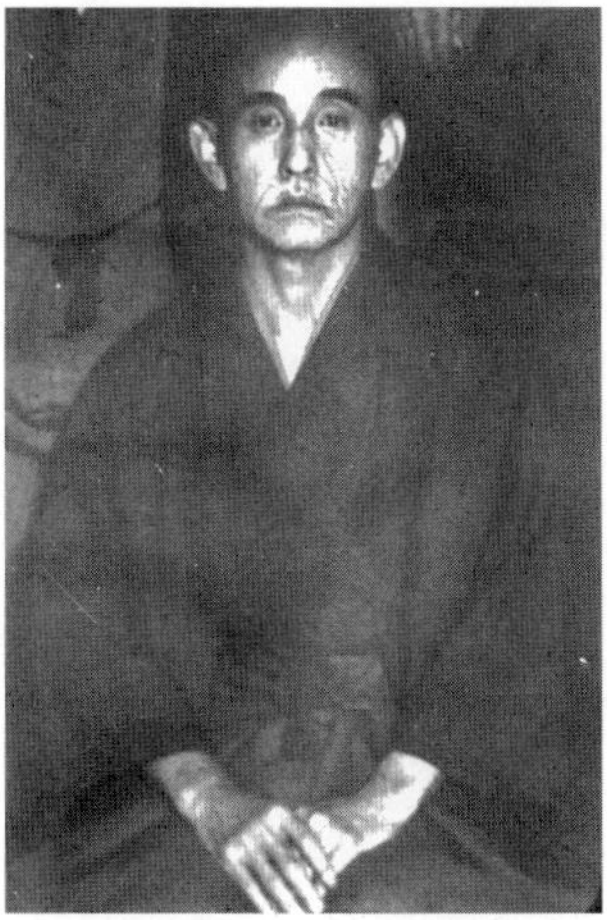

漢方の師と仰いだ湯本求眞

温知社を結成して漢方存続のために動いた。明治十六（一八八三）年三月十五日には全国温知社社員の寄付により、東京日本橋本町一丁目に和漢医学講習所を新築落成させた。しかし、この年の十月二十三日、政府は突如、医術開業試験規則及医師免許規則（太政官布告第三十四号、第三十五号）を布達し、漢方医存続の道が閉ざされた。そこで漢方医らは翌年三月十五日に東京温知病院を設立して臨床面から漢方の重要性を訴えたが、明治二十（一八八七）年一月二十日に温知社は解散する。漢方医は最後の望みを議会に託すため、明治二十三（一八九〇）年四月十五～十六日に議会請願を目的に帝国医会を結成するが、五年後の明治二十八（一八九五）年三月六日の第八回帝国議会でその望みは消えた。漢方医らが提出した漢方医継続の改正案が、百八十三票中賛成七十八票、反対百五票の二十七票の差で否決されたのである。それ以来、漢方医学は衰退し、西洋医学一辺倒になり、漢方医療を行うには医師国家試験に合格して資格を取ることが必要になった。

藤太郎は、「明治期に漢方医が制度から消えた後、漢方医学は薬学、薬剤師によって継承された」と、薬剤師が長く漢方研究を継続してきたことに誇りを持った。明治期に出版された小泉栄次郎の『和漢薬考』、高木与平八郎・小泉栄次郎の『売薬製剤備考』、赤木勘三郎の『和漢薬製剤編』、『和漢薬効用異名集』、『和漢欧売薬製剤編』、一色直太郎の『和漢薬良否鑑別法』、梅村甚太郎の『民間薬用植物誌』、朝比奈泰彦の『和漢生薬之研究』など、いずれも薬学者、製薬・売薬業者によって執筆されていた。薬学の中で漢方薬が重要な位置を占めていくと見ていた。

世界恐慌の始まりの年、帝国女子医学専門学校薬学科教授に

昭和四（一九二九）年十月二十四日、ニューヨークのウォール街で株式市場が大暴落し、未曾有の世界大恐慌の発端となった。恐慌は翌年、日本にも広がり、中小規模の企業が大きな打撃を受けた。その後の世界、日本の進路を大きく変えることになる。恐慌はじわじわと資本主義国家を巻き込んでいった。

その年の三月に、藤太郎は神奈川県薬剤師会の会長に選ばれ、昭和二十三（一九四八）年までほぼ二十年間務め、会員の要望などに応えていった。前会長から業務を引き継いでいた三十一日、仙台から悲しい知らせが入った。父親の喜平太が亡くなったのである。八十歳だった。すぐに身支度して故郷に戻った。家督を継いだ弟がすべてを取り仕切って法要を済ませ、三百人町にある菩提寺の常林寺に葬った。

その翌月の四月には、帝国女子医学専門学校薬学科の教授に招かれた。以後、昭和四十四（一九六九）年までの四十年間、薬学教育に携わることになった。神奈川県庁の技手の頃からの研究が評価されたほか、横浜に来るまで助手をしていた仙台医学専門学校薬学科科長・細井美水の推薦があった。細井は藤太郎が仙台で世話になった佐野義職の後任の科長である。

帝国女子医学専門学校は、大正十四（一九二五）年に開設され、昭和二（一九二七）年に薬学科を増設して授業を始め、昭和五（一九三〇）年に帝国女子医学薬学専門学校に校名を改称した。藤太郎が最初に担当した科目は、薬学ラテン語と薬局方である。

薬学ラテン語の講義では、実践的な教育を行った。毎週、ラテン語で書いた処方を訳す宿題を出し、

翌週の授業で回収して自宅に持ち帰り、集めた用紙にざっと目を通し、誤りを朱筆でていねいに直して全員に返すことを繰り返した。学校が薬局のある横浜から近い東京市大森にあったので、帰ってから時間をかけて読むことができた。学生らは毎週、宿題が出されるため、怠けておられず、ラテン語の処方を読めるようになり、内容も理解できるまでになった。

学生教育の一方で、世界の薬局方の研究を続けた。各国の薬局方を調べていると、アメリカ薬局方は初版が一八二〇年、イギリスは一八六四年、フランスは一八一八年、ドイツは一八七一年のドイツ帝国成立後の翌一八七二年に公布しており、日本は明治十九（一八八六）年で、大きく遅れをとっていることがわかり、研究意欲をかき立てられた。さらに日常の薬局の仕事で毎日、薬品の漢名、外国名を見ているうちに、それぞれの語源などに興味を持つようになり、調べてみる気になった。それには、まず基礎的な知識として薬の歴史を理解する必要があると考え、『明治の薬学発達史』（薬事新聞社、大正三／一九一四）、『薬業五十年史』（臨床月報社、昭和二／一九二七）、『大日本薬業史』（池田松五郎著、薬業時論社、昭和四／一九二九）などの日本の書物や、"*Geschichte der Pharmazie*"（Hermann Schelenz、一九〇四）、"*Chronicles of Pharmacy*"（A. C. Wootton、一九一〇）などの薬学、薬業書を海外から取り寄せて読んでいるうちに、薬史学にも引かれていった。

そんなとき、たまたま病院雑誌を手にすると、久保寺十四夫が、世界薬学史を面白おかしく著述したLawallの"*Four Thousand Years of Pharmacy*"（一九二六）を翻訳し、連載しているのが目についた。翻訳した文章を読んでいるうちに、"counter prescription"（対症投薬）を「売り台の処方」と訳すなど、薬局業務の用語に何か所か誤訳があるのに気づいた。それを久保寺に連絡すると、中学の英語教師の日野巌に師事して英語を習いながら翻訳を進めているが、専門用語は不得意であると言い、誤訳の指摘に感謝された。連載後に出版を予定しており、渡りに船とばかりに藤太郎に原稿の校閲をしてほしいと依頼があった。しばらくすると、翻訳の全原稿が送られてきた。アメリカで出版された原著に当たりチェックしていくうちに、理解に苦しむところも出てきた。店の者たちは、条件も聞かず監訳を引き受け、しかも苦労している藤太郎を冷ややかに見ていた。しかし当の本人はそんなことは気にもせずに取り組み続け、よくわからない箇所の訳については、横浜に住んでいた動物学者のラングフォード（D. B. Langford）に全面的に協力してもらうことにした。

ラングフォードは貝類の専門家で、藤太郎はしばしば貝採集で江の島、葉山、城ケ島に同行していた。ハワイ大学卒業後、日本に来たときは"*Japan Times*"の横浜駐在となっただけに、文章は達者だった。翻訳文中の「アメリカの昔の薬剤師は、薬局でいろいろな製剤を作っていた。朝出勤するとすぐに大きな瓶を振ったり圧搾機を抱えたりと重労働だったので、今の daily dozen（毎日の一ダース）のようなものは必要なかった」の"daily dozen"の意味がわからなかった。ラングフォードに聞くと、「日課の体操」であると教えられた。加筆訂正してとにかく原稿を完成させ、昭和七（一九三二）年、東京厚生閣から、清水藤太郎校閲、日野巌・久保寺十四夫共訳『世界薬学史』が刊行された。これをきっかけに藤太郎は本格的に薬史学も研究することにし、古文書など薬に関する歴史書を渉猟していった。

薬局経営の講義も

昭和五（一九三〇）年のある日、学校に行くと、薬学科長の吉本弥三に呼ばれ、「先生は薬局も経営されており、実務に詳しいので、ぜひ、薬局経営の講義もお願いしたいのですが」と相談を受けた。すでに各地の薬剤師の団体から薬局経営の講演をよく頼まれていたので自信もあり、二つ返事で承諾した。それまでに札幌、函館、小樽、宇治山田、四日市で開かれた会には、開局者のほとんどが出席し、評判も良かった。経営のいかんは収益を左右し、生活にも関わってくるので、メモをとるなどしながら、熱心に聞いていた。藤太郎は薬局経営にも科学的な視点を取り入れなければならないことを強調した。科学的な考えを考慮しなければ、開業薬局は早晩、没落することは、統計が物語っていると指摘した。

「伝統的な古い薬局の構造は、三十代、四十代の消費者には敬遠されがちである。明るく新しい店、にぎやかな店、大きなスペースの店に引きつけられる。いわゆるモダンな店に足が向く。そのため、営業はスペースの競争になるので、若い人が好むように入口を広くして商品がよく見えるようにする。最近の専門家が引いた設計図をもとに改造した店を見ると、根本的な間違いがある。出入口は飾りつけが難しく、表から見て最もルーズになりやすいところだから、なるべく直接目につかない右端か左端にする。」

「売り台のガラスケースはなるべく少なくして雑貨台を多くし、客が商品を自由に手に取れれば、その商品は半分売れたも同然である。万引きが心配されるが、売り上げが多ければカバーできる。ケースを多くすれば店員の数を増やす必要があり、人件費率が高くなる。原則として店の台は小さいものを多く置くのではなく、大きなものを少し置くのが効率的である。その方が通路を広く取れて客が動きやすい」と、細かい点にまで触れて解説した。

調剤室についても、「長方形にして道路と平行に横に長くする。病院調剤室は人数が多いので正方形に近く広いが、市中の薬局は調剤台を一方に寄せて片側から使い、後ろに薬品棚を置いて前後に手を伸ばせばただちに薬が取れる」と、実際的な話をした。

学校の講義では、薬局の歴史や、自ら撮影しスライドにした世界の国々の薬局を映写して見せた。薬局を経営してきた自身の経験をもとにしており、開局するまでの心構え、薬局の内部構造のあり方などを親身になって教えた。毎回、"*Commercial Pharmacy*"などを参考にしてプリントを手作りして配った。その後、"*Drugstore Business Methcds*"や『米国薬店の経営ぶり』、『薬店と経営』、"*Drug Store Management*"などを参考にして、『薬局経営及商品学』を著し、出版した。

漢方診療室を併設

学校から薬局に戻れば店の経営者としての顔があった。経営状況、従業員の労務管理など、やるべきことは多かった。特に従業員の健康管理には気を使った。講義から帰ったある日、二十歳の従業員が、下腹部痛を起こして店の奥の部屋で休んでいた。すぐに近くの開業医に往診を頼むと、盲腸炎の疑いがあると言って石鹸浣腸三百ccを注入する治療を行った。しかし、すぐに液剤が出てしまったので、さらに千ccの浣腸による処置が行われた。しかし医師が帰った後、しばらくするとやはり液剤をすべて排出してしまった。そのとき、漢方薬を使ってはどうかと考えた。

盲腸炎に良い漢方があると聞いていたのを、思い出したのである。さっそく、『皇漢医学』を紐解いた。そこに記載されていた大黄牡丹皮湯を一日分煎出し、三回に分けて服用させると、三回目の服用の二時間後に急に便意をもよおし、トイレで下痢と嘔吐を同時に起こした。しばらくすると下腹部の痛みは治まったと言ってトイレから出てきた。顔色も少し良くなっていた。その後、二回ほど下痢があり、発症してから八日後には平常に戻り、店に復帰した。

それから数日後、今度は長男の不二夫が風邪気味で熱を出した。激しい口渇を訴え、水を欲しがるので飲ませるのだが、すぐに戻してしまう。胸やけも伴い、眠れないと言う。医師に診せるまでもないと考えてヒマシ油を投与したが、一向に良くならないので、漢方薬に切り替えることにした。吐き気のときに最初に用いる小半夏湯を煎じて与えたが、症状は一向に改善しない。『皇漢医学』を詳しく読み進むと、五苓散の項の註の記述が長男の症状にぴったり的中していた。すぐに調合し、一日分を四分にして一包を冷水で服用させたところ、症状が治まり寝入ってしまった。翌日に残り三包を服用させると全快した。

湯本求眞が診療

漢方薬で従業員や家族も救われたので、薬局で漢方を本格的に取り入れることを決める。さっそく、二年ぶりに東京田端の湯本求眞の診療所に出向いて、横浜周辺の患者を平安堂薬局で診療してもらえないか頼むことにした。訪ねると、以前、診療を受けたときのように調剤室と応接室を兼用した部屋に通され、そこへ縮《ちぢみ》のシャツに縮のズボン下姿で現れた。最初は「うーん」と言って渋っていたが、漢方を普及させたいという藤太郎の熱心さに負けたのか、ついには、「わかった」と同意し、毎月の第一日曜日に漢方診療を行うことを承諾してくれた。

診療は、昭和五（一九三〇）年九月から始まった。その日から藤太郎は毎月、湯本から診断方法、処方概説などの実地指導も受けた。さらに、『皇漢医学』の内容についての疑問点を聞き、ていねいに解説してもらうなど、門下生となって漢方医学を究めていった。

藤太郎の漢方の師となった湯本求眞は、明治九（一八七六）年三月二十一日、石川県鹿島郡山村（現・七尾市）に生まれた。明治三十四（一九〇一）年に金沢医学専門学校（現・金沢大学医学部）を卒業し、開業した後、七尾娼妓病院院長、警察医、日本赤十字社救護班員を歴任した。明治四十三（一九一〇）年、長女を疫利で亡くし、西洋医学に無力さを感じていたとき、たまたま和田啓十郎が著した『医界之鉄椎』に巡り合った。これがもとで漢方の研究にのめり込んでいく。明治四十五（一九一二）年に神戸市で開業し、大正六（一九一七）年に『臨床応用漢方医学解説』を著し、大正九（一九二〇）年十月には住まいを東京田端に移して開業する。「昭和漢方復興の祖」と言われ、最も大きな業績は昭和二（一九二七）年三月に自費で出版した『皇漢医学』三巻を残したことで、現代の漢方医学を進展させていく道筋を作った。初版、再版、第三版まで自費で出版した。

平安堂には、湯本が診療し患者に投与した処方録の、下書きの一部が今も残っており、処方二二六枚に大柴胡湯一二八、

湯本による処方録（湯本の口述を藤太郎が記したもの）

小柴胡湯一〇〇、黄解丸一七四、桃核承気湯一三四、大黄牡丹皮湯九六などが記載されている。

診療室には遠路からも患者がやって来た。ある日、六十歳過ぎと思われる婦人が恰幅の良い男性に付き添われて鳥取からやって来た。男性はその息子で、大阪商船の重役であり、湯本のことをよく知っていた。母親が腹痛を訴えて、時に吐いたりして、近くの医者に診てもらっていたが、なかなか良くならないので、心配して連れて来たと言う。診察に当たった湯本は、腹中が冷えており、脈は遅弱で、腸の運動が激しいことから、大建中湯を投与した。その後、息子から「おかげで治りました」と連絡が入った。昭和九（一九三四）年頃、湯本が病気に罹ったので、四年ほど続いた診療室は閉鎖したが、その後も漢方の相談に来る人は少なくなかった。

十二月頃、悪性の風邪が流行したとき、会社の仲間が頭痛がなかなかとれず呼吸困難の症状も見られるので漢方で治らないかと言って、一人の客が訪ねてきた。横浜に停泊中の大阪商船の関係者で、患者は、出航を明日に控えたアメリカ行き船舶の船長で、何とかして早く治してもらえないかと頼まれる。

船長を交代させるには二日かかり、出航が遅れれば、すべてのスケジュールが狂ってしまう。東京湾を出る数時間は船橋《せんきょう》に必ず立たなければならない。それを過ぎればサンフランシスコまでは寝ていてもかまわない。数時間、船橋に立てさえすれば良いので、どうにかしてほしいと懇願される。身体の状態を聞くと、体格も良く実証（気力、脈力、腹力が充実した病態）と考えられ、症状から葛根湯の証（ある病的状態に際して出て来る複数の症状の統一概念）と判断し、一日分を作って服用してもらった。翌日、おかげで船長は出港のときには船橋に立つことができたと感謝する連絡が入った。後で聞くと、平安堂で湯本の治療を受けるため鳥取から母親を連れて来た大阪商船の重役が、訪ねてみるようアドバイスしていたことがわかった。

満州事変勃発後に起きた、薬の安売り合戦

昭和五（一九三〇）年十一月十六日の月曜日、学校に来ると、川崎で大きな事件が起きたらしいと職員の間で話題になっていた。学校のある大森から近い場所であり、興味を持ったようだった。一日から始まっていた富士瓦斯紡績会社の労働争議で、労働者側を支援する男性が工場の煙突に昇り、避雷針に赤旗を巻きつけて「解決するまで降りない」と叫んでいるらしいというのを誰かが聞きつけてきた。アメリカで始まった恐慌が日本経済をも揺さぶり始めていた。戦争とファシズムの嵐の前触れでもあった。

昭和六（一九三一）年四月、若槻礼次郎を首班とする民政党内閣が成立。若槻内閣は大恐慌による歳入減を切り抜けるため、行政、財政を整理することを第一に挙げた。五月には官吏の減俸に踏み切った。大幅に財政整理を行い、軍縮を断行するねらいがあった。七月に出された陸軍の軍制改革案は、節約した財源を装備の近代化に回して、さらに一個師団を満州に常駐させる費用に流用するというものだった。陸軍はこの年の初めからソ連の五ヶ年計画や満蒙問題（満州、内モンゴル地方における日本の権益や支配の維持をめぐる問題）の重要性を挙げて陸軍軍縮に反対姿勢で臨んでいた。南陸相は満蒙の危機を挙げて軍縮論を否定。民政党がこれを攻撃するなど、陸軍と政府の関係は険悪になっていった。陸軍は満州問題を武力で解決を図ろうと「満州問題解決方針の大綱」を決定していた。満州では一触即発の情勢

になっていた。

九月十八日の夜十時過ぎ、奉天北部の柳条湖で南満州鉄道の鉄路が破壊された。中国軍の仕業と偽って関東軍が軍事行動を起こした。これが満州事変の発端となり、十五年間にわたる大戦争の第一歩となった。国民の間では軍国主義と排外主義の風潮が広がっていった。庶民の生活にも戦争が入り込んできた。満州事変をきっかけに国民の体力向上、国民福祉の増進が大きな課題になった。世情が不安定な中、藤太郎は昭和七（一九三二）年には『薬局方概論』を著した。

「ハマユウ」を組織して乱売防止

その頃、横浜の薬業界では新たな問題が起きていた。薬の安売り競争が始まったのである。当時、医師から処方箋が交付されることはほとんどなく、多くの薬局が売薬の販売などで生活の糧を得ていた。売薬は商品であり、売り上げを伸ばすために価格を下げるところが出てくるようになった。全国あちらこちらで熾烈な商業戦が見られた。価格競争に負けて倒産する薬局も出始め、老舗の問屋もそのあおりを食らった。乱売により医薬品の質は低下し、販売業者によっては薬以外の商品を高く売って利益を得るなどの悪弊が生じた。その波が横浜にも及んできた。乱売を防ぐには組合を組織して、違反した者には過怠金を課すことが考えられていたが、訴訟になる可能性もあるため、これを解決するのは並大抵のことではなかった。

藤太郎は神奈川県薬剤師会会長の要職にあり、「何とか対策はないものですか」と会員薬局から対応を迫られた。日本薬剤師会からの要請もあって、乱売に関する海外の資料を集め、調査を始めた。各国が同じような悩みを持っており、それぞれ工夫して解決していた。

フランスでは全製品のメーカーが卸組合を組織し、乱売者にはただちに供給を抑制する方法で成功していたが、イギリスの例が参考になると考えた。

イギリスでは昭和五（一九三〇）年頃、医薬品の乱売合戦が激化し、倒産したところが見られたほかに、不良薬品が出回り、薬業界が信用されなくなる状況に追い込まれた。そのとき、ロンドンで薬局を経営する薬剤師 William Jones が仲間とともに PATA（Proprietary Articles Trade Association：専売品取引組合）を組織し、成果を上げていたことを知った。製造業者、小売業者を組織化して、取り扱い商品の小売価格と卸価格を一定にし、価格表をもとに全業者が販売するというものである。一人でもこの価格に違反して売れば全商品の供給を停止し、製造業者が乱売者に供給したときはその商品を目録から外す方式をとっていた。

藤太郎はこのやり方を実践するため、昭和七（一九三二）年九月、谷岡忠治副会長ら二十代、三十代の若い薬剤師に諮った。横浜市内の薬局の過半数から賛同が得られたので、花咲町四丁目に「横浜優良品販売会」（ハマユウ）を発足させた。

製造業者、卸業者らによる嫌がらせもあったが、さらに会員が出資して株式会社ハマユウを創設し、事業を進めていった。発足当時は九メーカー、十五品目だったが、その後、大衆薬、化粧品など、取り扱う商品は三千品目にのぼり、約四百四十の製造業者が参加し、横浜市内の約三百軒の薬局のうち百三十軒が入会した。業者は不況の中で一度に百三十軒の得意先ができるので大張り切りだったが、終戦時の統制で廃止された。大阪では滝川末一が優良品販売会を組織し、乱売の防止に成功していた。ハマユウはボランタリーチェーンの先駆であり、戦後、同じような組織として東京優良品販売会（トウユウ）が、その前後には、日本薬局協励会などが組織されている。

乱売問題が一応の決着を見た翌昭和八（一九三三）年、藤太郎は本格的にドイツ語を習い始めた。同じ相生町内で歯科医院を開業していた池田徳太郎が毎週一回、夕刻に外国語学校の田代光夫を講師に招いてドイツ語の講習会を開いているのを知ったのである。さっそく入会すると、池田のほかにドック会社の足立善吉、貿易会社の鈴木安兵衛の計四人の小さな会で、少人数ではあったが五年間も続いた。最初は五十人ほどの規模だったらしいが、徐々に参加者が減っていったという。この会に入会したことで、若いとき興味を持って読んでいたドイツ語の薬学専門書のほかに、Christian Friedrich Hebbel の文学書から、最後には Karl Kollbach の“*Deutscher Fleiss*”まで、広い分野の書物も読みこなせるようになった。

特に“*Deutscher Fleiss*”はドイツの鉱業、醸造業、果実栽培業、貿易業、石炭業、製糖業、化粧品業、硝子産業、製紙業、繊維業、ゴム工業、鉄鋼業、タバコ業、陶磁器業、造船業などにドイツ人が積極的に取り組んだことが詳細に述べられており、藤太郎にはかなり印象に残る書物になった。文章の中で「汽車がだんだん速度を緩めて高架線の下を通過して止まった。乗客が右の階段を下りて表玄関を出るとすぐ目の前に不意に大寺院が現れて、魅せられたように立ち止まる」と表現されているところを、いつまでも覚えているほどの気に入りようだった。

長女の夭折

ドイツ語講習会に通っている頃から気がかりだったのが、長女・妙子の病状だった。知的で清楚な女性で、藤太郎はことのほか愛し慈しんでいた。横浜山手の共立女子学校に入学してしばらく経った頃、体がだるいなどの症状を訴え、発熱をきたした。風邪かと思っていたが、なかなかよくならない。専門の医療機関で診てもらうと、脊椎カリエスと診断された。当時、治療法はギプスをつけてベッドに横臥しているほかになく、長期療養に入る。藁にもすがる思いで漢方薬も試すが、結核菌におかされたこの病気に効くはずもなかった。長い闘病生活の末、昭和八（一九三三）年の十一月五日、二十一歳の若さで亡くなった。藤太郎が四十七歳のときのことである。最愛の娘に先立たれ、無念さでいたたまれなかった。母親が亡くなったとき以上に心が痛み、妻と悲嘆に暮れた。「いくら悲しんでいても妙子は喜ばないよ」と妻に言い聞かせるのがやっとだった。

しかし、葬儀では平素と少しも変わらない朗声で弔問客に会い、時に談笑して周りを驚かせもした。ここで涙を見せては妙子が浮かばれない。号泣したいところだが心の奥に押し込めた。横浜植物会で親交を深めていた、神奈川県立横浜第一中学校の教師で著名な俳人でもある松野重太郎（号：輪水）が弔問に訪れ、悼句「月わかし妙なる魂の消えどころ」を手向けてくれた。藤太郎は最初、もらった句の「消えどころ」がわからなかったが、しばらくして、「わかった。わかった。月だ。月の中へ妙子は消えたんだ」と心の中で叫んだ。それまでこらえていた涙が急にこみ上げてきた。人の目を避けるように顔をそむけ、大粒の涙をこぼした。抑えに抑えていた悲愁が一瞬にして溢れ出したのである。急いでポケットからハンケチを取り出し、涙を拭って再び弔問者への挨拶に回った。

初七日も過ぎ、松野にもらった悼句を袱紗に染めて知人に配り回った。配っていると何か救われた気がしたが、何度も悲しさがこみ上げ、複雑な気持ちに追いやられた。

長女が亡くなったことから逃れるように、昭和九（一九三四）年五月、藤太郎は世話人となって東京に日本漢方医学会を結成した。毎月、漢方の診療、和漢薬、鍼灸の三部門の座談会を交互に開いた。和漢薬の座談会は藤太郎が中心になり、植木萬策、土田茂男、栗原喜広三、木村雄四郎ら薬学関係者のほかに臨床医が参加して、戦争が激しくなるまで続いた。戦時体制下の、ともすれば暗くなりがちな時代であったが、藤太郎が出席すると、その人柄からか、急に雰囲気が明るくなった。漢方医学会は機関誌として『漢方と漢薬』を発行し、長い間、日本漢方医学の代表的な雑誌となった。昭和十九（一九四四）年には『生薬治療』と改題されたが、その年、戦争のため廃刊した。

日本薬学の祖・ゲールツへの思い

内外ともにつらいことばかりが続く中、藤太郎はしばしば平安堂薬局から程近い山手の外国人墓地に足を向けた。異国の地に眠り、海の向こうの故郷を望む外国人の墓の脇にある階段を一段一段昇っていくと、最上段にゲールツ（ヘールツ）（Anton Johannes Cornelis Geerts）の白色大理石の墓石があった。オランダ陸軍薬剤官で、日本の薬学、保健衛生の向上に貢献した人物である。明治二（一八六九）年、長崎医学校予科の教授として赴任し、物理、化学、薬物学、動物学、植物学を教えた。四十歳の若さで亡くなるまでの最後の六年間を横浜で過ごし、多くの業績を残した。明治十（一八七七）年一月、不良な薬品を検査するための機関である横浜司薬場の設立準備を進め、イタリア領事館だった建物を改造して五月から業務をスタートさせた。司薬場では薬品の鑑別を行うとともに、そこで働く人たちを対象に製薬学を実地に指導し、受講者は化学薬品を出品できるほどの技術を身につけることができた。

また、横浜で日本の防疫行政の基礎を作った人物でもある。明治十（一八七七）年八月、外国船が運んできたコレラ菌が全国に蔓延し、治療の手立てがないために次々に人が亡くなっていく状況を見て、コレラが発生した地区を消毒して防疫する体制を確立するため、神奈川県当局と折衝して長浦に消毒所を開かせた。さらに、感染者を隔離する避病院の建設に奔走するとともに、船の検疫方法を役人に実地で訓練・指導し、「検疫停泊規則」や「伝染病予防規則」などの法律による検疫体制の強化を大久保利通に上申している。これがきっかけとなって明治十（一八七七）年八月二十七日、内務省二七九号で海港検疫、各家庭での予防法を取り上げた「コレラ予防心得」が公に通達された。この後、明治十二（一八七九）年に「コレラ予防仮規則」が、その翌年には「伝染病予防規則」が発布されるなど、ゲールツの指導のもとに日本の衛生行政が確立されていった。

明治九（一八七六）年、京都司薬場に勤務し

日本の薬学や保健衛生の向上に貢献したオランダ人・A. J. C. ゲールツ（ヘールツ）

ていたゲールツは、衛生局長だった長与専斎の委託を受けてオランダ薬局方に準じて日本薬局方の草稿を執筆。その翌年十二月に完成させた。

明治十三（一八八〇）年、政府は長与専斎の建議に基づいて日本薬局方編纂事業に着手する。ゲールツが京都で執筆した草稿をもとにしてはとの議論もあったが、年数も経っていることから、オランダ薬局方第二版をもとに編纂委員のすべてがわかるドイツ語で、ゲールツと東京帝国大学医学部製薬学科のドイツ人教師のランガルトが草案を作ることになった。翌年、ランガルトが帰国したため、ゲールツは東京司薬場のエイクマンと仕事を続けたが、明治十六（一八八三）年八月、腸チフスに倒れ、四十歳の生涯を閉じる。亡くなる直前まで横浜の自宅で日本の薬学に影響を与える仕事に取り組んでいた。藤太郎は横浜と縁がある上、日本薬局方の研究には欠かせないゲールツを身近に感じていた。

横浜の外国人墓地にあるゲールツの墓。妻・山口きわの名も刻まれている。

昭和十（一九三五）年五月頃、久し振りに墓石の前で手を合わせて驚いた。それまでなんとなく見過ごしていた墓標の下部に、新たにゲールツ夫人の山口きわの名が、墨を入れて刻まれていることに気づいたのである。藤太郎はきわが昭和九（一九三四）年十一月十六日に亡くなっていたのを知らなかった。墓には、"KIWA GEERTS YAMAGUCHI ZIJNE ECHTGENOOTE GEBOREN TE NAGASAKI DEN 9 DEN SEPTEMBER 1853 OVERLEDEN TE TOKIO DEN 16 DEN NOVEMBER 1934"（ゲールツ

夫人　山口きわ　静かに眠る　一八五三年九月九日長崎に生まれ　一九三四年十一月十六日東京においで死亡)。

翌日、カメラを持って再び訪れ、墓標を写真に収めた。その足で外国人墓地の事務所を訪ね、墓標についで聞くと、遺族が東京麻布に住んでおり、当時珍しいドレスメーカーを営んでいることを教えてくれた。電話をかけると会ってもらえることになり、横浜から電車を乗り継いで直接訪ねた。写真などを借り、ゲールツについての話を聞き、『日本薬報』、『薬局』などの雑誌に論文を投稿したほか、戦後、南山堂から刊行する『日本薬学史』にも研究の一端を記した。

帝国女子医学薬学専門学校で調剤学を担当

昭和十（一九三五）年から、帝国女子医学薬学専門学校で、薬学ラテン語や薬局経営学のほかに、調剤学の講義、実習の教育にも携わることになった。調剤学の授業は薬学科に入学して日も浅い学生が対象で、専門的な内容を教えるには苦労した。

階段教室で円錐、円筒のメートルグラスを示して、「さあ、あなた方はこれから薬の調剤をするとき、これらの器具を用いて計るのだが、最後の一滴までこぼさずに上手に薬瓶に入れなければいけなーい」と柔和な顔つきに抑揚のある語り口で話した。ユーモアたっぷりに大きな体を少し前に屈ませて、「薬剤師となって社会に出るあなた方は、薬の調合はもとより、嫁に行き世帯を持ったとき、お酒や醤油を計って盛るにも、素人ではないのだから上手に入れなければいけなーい。それが本当の薬剤師なのでありまーす」と学生の興味を引くようなしゃべり方をした。

黒板には諸外国の処方例をラテン語、ドイツ語で書いて説明し、「薬の量についての講義では極量、常用量、致死量などの量があるが、特に無理して暗記する必要はない。もし誤った数字を覚え込んだらこれほど危険なことはない。必要なときは薬局方を見ること。薬瓶のラベルを張り替えるときも二重張りは絶対やってはいけない。そのようなことをする薬剤師は最低である」と手厳しく話すこともあった。さらに、液剤の小分けには、瓶とその口に蓋をするコルク栓が正確に合わないことが多いから（現在と異なり、ガラス瓶に合うコルクの栓をそのつど見つけ出して使っていた）、コルク栓を必ず前もって用意してから行うことなど、薬局で実務に就くと必ず経験する事柄を教えた。また、「調剤の際、処方箋は必ず裏も見る。二度精読した上で、調剤に取り掛かる。薬品名は三回確かめる。調剤は機械的になってはいけない。苦情処理も仕事の一つである」が口癖で、実習では、冬など遅くなり暗くなっても最後まで学生の面倒を見た。切丸器、成丸器で作る丸剤は、学生が作るといびつだが、藤太郎の手にかかるとたちまち丸くなり、学生から驚きのまなざしを向けられた。

軍靴の音が強くなった年、『局方五十年史』を一人で完成

専門学校から一歩外に出れば、軍靴の音が日増しに強くなっていた。昭和十一（一九三六）年二月二十六日の早朝、歩兵第一、第三連隊、近衛歩兵第三連隊などの二十二名の青年将校が、千四百余名の下士官、兵を率いて反乱を起こした。これらの部隊は首相、蔵相、内大臣、侍従長、教育総監の官私邸、

警視庁などを襲撃した。この事件で日本のファシズム化にはずみがつく。

この年に藤太郎は、日本薬学会が薬局方公布五十周年記念事業として発行した『日本薬局方五十年史』を一人で完成させた。B五判百二十ページで重要な項目を細かく分析し、考証が緻密であるのが高く評価された。学校で調剤などのほかに薬学英語を教えるようになったので、中西壮吉薬学科長と共著で“*Pharmaceutical English*”I、II、III巻を著した。原稿はアメリカの薬剤師の通信講義録“*Practical Druggist Course*”四十巻から各種の文章を選び、少し変えて執筆した。このときも“*Japan Times*”の記者で、『世界薬学史』の校閲の際に世話になったラングフォードに校正を頼んだ。

学校の講義のほかに、東亜医学協会の前身である偕行学苑の漢方医学講習会でも講師となって教えている。拓殖大学講堂で行われた第一回から「漢方薬物学」の講義を担当した。「滔々として水の流れるごとく情熱のこもったわかりやすい名講義だった」と漢方の名医である矢数道明《やかずどうめい》は回想している。藤太郎はいつもにこやかで、生きているのが楽しくて嬉しくてたまらないというような和顔愛語の態度で、参加者は父親に親しむように接していたという。偕行学苑は昭和十二（一九三七）年に拓殖大学漢方講座になって講習が続けられてきたが、昭和十九（一九四四）年九月、戦雲が濃くなってきたため廃止された。拓大の講義の原稿は『国医薬物研究』として出版され、矢数道明は座右の書として親しんだ。

日中戦争勃発の翌年、『調剤学概論』などを刊行

昭和十二（一九三七）年七月七日、盧溝橋事件が起き、日本は中国との全面戦争に突入した。日中戦争勃発後、軍需生産中心の戦時統制経済が強化され、京浜工業地帯の産業構造も変わっていった。重化学工業、食料品、繊維などの民需生産が衰退して、軍需、特に兵器生産に力点が置かれた。庶民の暮らしは苦しくなる一方だった。綿製品の製造・販売が禁止され、破れやすいスフになるなど、代用品の時代になった。物質面、精神面で統制が行われた。最も深刻だったのは食糧品の確保で、配給では手に入らない卵、牛乳、肉、砂糖は、公定価格の数倍〜数十倍になった。ヤミでの買い出しは戦時の市民生活には欠かせなかった。

昭和十三（一九三八）年一月十三日には国民の体力向上、国民福祉の増進を任とする厚生省が新設された。四月には国民健康保険法が制定されて、疾病保険制度が広く国民に行き渡る。国家総動員法も制定され、戦時体制が強化されていった。そのような世情であっても、藤太郎は学校での講義に手を抜くことはなかった。一方で、横浜周辺の薬局の薬剤師を対象に、英会話の講習会を開いた。昭和十五（一九四〇）年に東京で夏季オリンピックが開催されることが新聞報道されたのがきっかけである。「勇気を持って外国人に接するように」が持論で、オリンピックの開催を口実に、薬局の希望者に、夕方五時半から二時間、薬剤師会の会議室で英会話を教えた。語学と横浜をこよなく愛した藤太郎は、「横浜の薬局の薬剤師は英語で会話ぐらいできないと駄目だ」とよく言っていた。しかし、昭和十三（一九三

八）年になると日中戦争の長期化が予想され、日本は閣議で正式にオリンピック開催を返上したため、英会話教室を続ける意義はなくなり、閉会した。

中国で漢薬調査

昭和十四（一九三九）年の初め頃、上海自然科学研究所の橋本亮から、研究嘱託として中国に二か月間滞在し、「漢薬ならびに洋薬に関する調査」を行ってほしいという依頼の連絡が入った。短期間にその目的を達成できるかどうかは確約できなかったが、興味のある分野であり、引き受けることにした。

七月六日、長崎丸で長崎から出帆し、七月九日から九月七日まで滞在した。最初の一か月は研究所が所蔵している漢薬および図書を参考にして報告書を作成した。それを終えた八月二十一日から、橋本亮と周振均の三人で上海を出て蘇州に向かった。周の親戚で大中南飯店主・陳景炎と帝国女子医学薬学専門学校卒業生の陳舟華と会って、医師の教育についていろいろ尋ねた。陳が中医の多くが『湯頭歌訣《とうとうかけつ》』という本を用いて教育を受けていると説明してくれた。二十二日には南京に移動し、二十三日は所々を見学した後、料理店で昼食をとった。宿舎に戻り、床に就いた夜中の十二時頃、昼の食事がよくなかったのか、胸がむかむかする症状に襲われ、突然吐いてしまった。五回ほど吐いたら、今度は水様性の下痢に見舞われた。九回も続き、ほとんど眠れず症状が朝四時まで続いた。陽がのぼり明るくなっても下痢と腹痛が続いた。昨日の昼食が悔やまれた。

九時頃、宿舎の近くにあった保康薬舗に腹に手をやりながら出向いて、中医を紹介してもらう。安品街の随翰英の診察を勧められ、診療所に入ると、患者が大勢待っていた。腹痛が治まらず、「何とか早く診てもらえないものか」と自分勝手な都合の良い気持ちが働いた。壁に張ってある料金表を見ると、受付料が十銭、診察料が五十銭のところ、二倍の診察料を出すとすぐに診てもらえる「超先」という仕組みがあるのがわかった。他の患者に悪いと思いながらも、痛みに負けてそれを利用することにした。診察室に入ると机があり、威厳のある、五十過ぎと思われる人が椅子に座っていた。机の上には小さな長方形の手枕があり、それに手を載せるように言われた。脈を見ながら病状を聞かれた。横では書記が医師の言ったことを書いている。診察が終わると、診断内容と処方箋を渡された。それには現症状、原因、治療方針、漢方薬が順に書いてあった。横浜でアメリカ人、ドイツ人などの外国人医師が書いた処方箋を見てきた藤太郎にとって、「これは世界に類を見ない完備した処方箋である」と驚くべきものだった。処方箋を手渡されたとき、湯本求眞の門弟であることを告げて処方を尋ねると、「四苓散、黄芩湯合剤」と書いてくれた。筆談で四苓散ではなく五苓散ではないかと質問すると、「四苓散は五苓散から桂枝を除いたものにすぎない」とていねいに説明してくれた。謝辞を述べて椅子から立ち上がって帰ろうとすると、書記が診察料の一円を返しに来た。「収めてください」と言うと随医師が出てきて、「同職者から金は取れない」と言う慇懃さだった。「収めてください」、「受け取れない」の押し問答を続けていると、待っている患者が不思議そうな顔でなりゆきを見ている。断固として受け取らないので、感謝しながら引き下がり、処方箋を持って南京の同仁堂で調剤してもらった。体重が四〜五キロ減ったが、一日横になっただけで再び旅を続けられた。

随は中国一流の中医で、一九二九年に中医の廃止を撤回させた中央衛生委員会の有力者の一人だった。その前年から、中医を「基礎医学や予防医学の知識がなく、治療効果も明確でない」と断定するのは偏った意見だと言って反発していた。このとき科学的漢方書として湯本求眞の『皇漢医学』が有力な論証になった。中国語に翻訳されて人民衛生出版社、上海東洞学社から刊行され、湯本求眞の名は中医にも知れ渡っていた。藤太郎は湯本に漢方を学べたことを、誇らしく思った。

南京では中医に関する書籍を大量に買い込んでしまったので、九月七日、上海を発つ前に長男・不二夫に打電して長崎まで迎えを頼んだ。長崎に着くと、はたして手を振る不二夫の姿があった。久しぶりに親子二人で雲仙、熊本、阿蘇、大分竹田を旅行し、別府発神戸着の船に乗って、十三日に横浜の自宅に戻った。この年の十二月には『漢薬ならびに洋薬に関する調査』をA五判六十四ページの冊子として興亜院華中連絡部から刊行した。

昭和十五（一九四〇）年には、科学史の中の薬物学史に関する部分の分担執筆の話が転がり込んできた。帝国学士院が皇紀二六〇〇年の記念事業の一つとして『明治前日本科学史』を出版することを決め、専門分野ごとに担当委員を選び、薬物学史の委員に朝比奈泰彦を認定した。朝比奈とは東京帝国大学植物会で指導を受け、ラテン語の書籍の共著者でもあり、面識があったことから、藤太郎にも声がかかったらしい。岡西為人、赤松金芳、高橋真太郎とともに編集に加わり、「薬物需給史」を分担執筆することになった。なるべく多くのことを書こうと思って各地の図書館を訪ねて資料を収集しているうちに、戦雲が濃くなり、外出が難しくなってきたため、これまでに集めた手持ちの資料をもとに執筆せざるをえなくなった。

満州国薬局方調査臨時委員に選ばれる

昭和十六（一九四一）年五月、満州国民生部の香山満寿雄の推薦で満州国薬局方調査臨時委員に選ばれ、再び中国に渡った。「漢薬標本の蒐集、品質規格、類似品あるいは偽造品との鑑別方法に関する調査」が目的である。七月九日、横浜港を発ち、下関から連絡船で朝鮮に向かい、十一日に京城に着き、十三日には新京を目指し、そこでは漢薬の輸出・輸入組合を視察し、税関に貯蔵されている珍しい漢薬を調べるため、中国人の薬店を訪ねた。十八日には奉天を出発して、翌日、宮口に到着後、八月四日まで滞在した。

　八月九日から京都帝国大学薬学科の木村康一と一緒に吉林省からハルピンへ、十八日から錦洲、奉天に旅行する。満州旅行中には十一か所で漢医の診察を受けて、漢方医学の診断方法などを調べた。満州の医師は何も聞かず、脈だけを診た。左脈を十分間、右脈を五分間、脈診する。漢方医学の四大診である「望、聞、問、切」のうち、問診を行わない。切診（患者に触れて行う診察法を意味し、脈診と腹診が代表的である）も、脈だけで腹を診ない。医師はおもむろに症状を当

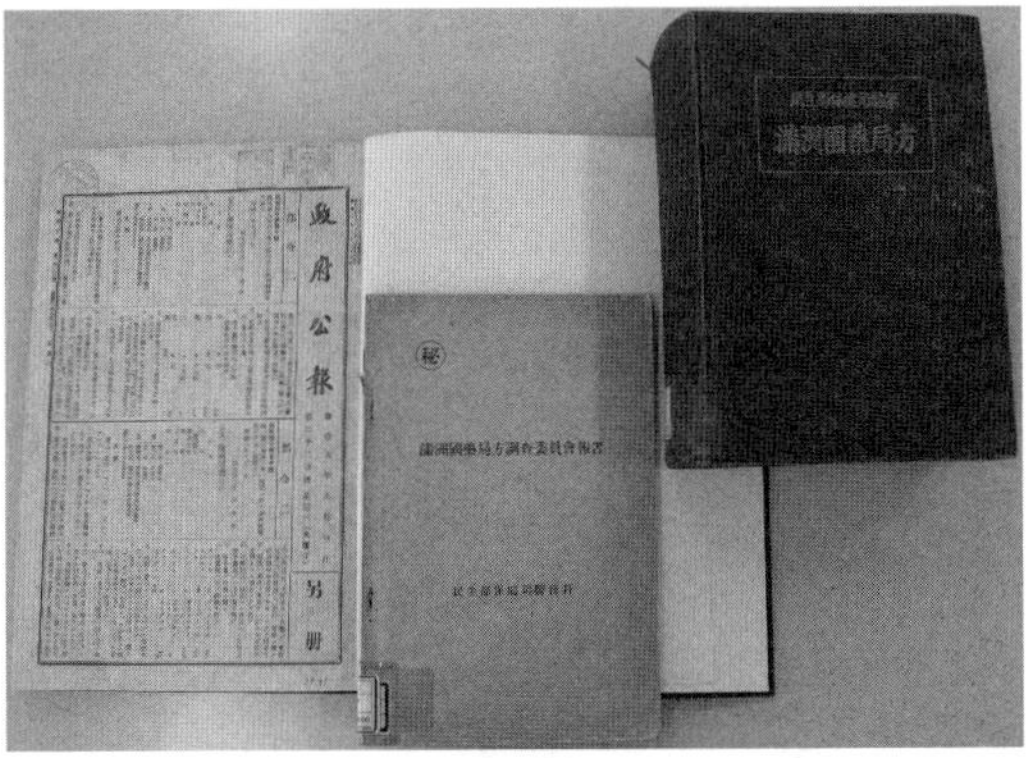

『満州国薬局方』

て、患者はそれが自らの症状と同じであれば信用して処方箋をもらって金を払う。医師が患者に試されているようで、診断が下手だと満州では医師はやっていけないことがわかった。藤太郎は医師に、なぜ漢方の四診をしないのかを筆談で尋ねた。「望聞問切、是漢医之四大診法。満州之医、不用問法、如何」。満州の医師はこう答えた。「望而知之、謂之神、聞而知之、謂之聖、問而知之、謂之工、切而知之、謂之巧」（望んでこれを知る者を神と言い、開いてこれを知る者を聖と言い、問うてこれを知る者を工と言い、切してこれを知る者を巧と言う）。

それなら満州の医師は皆神、聖医なのかと聞くと、ある漢医は、「欠一不可。近代漢医、因国人認識不足、多問則生患者疑心、以為医術不精、故少問」（四大診のうち一つでも欠いてはならないが、近頃の国民は認識不足により、多くのことを聞けば患者が疑心暗鬼になって医術が不精であると思うので少ししか聞かない）と書いてくれた。患者に胸も開けさせていない。聴診器も用いない。脈、望、聞だけで診断する。このときに漢方の診断法を詳しく聞いたのも、漢方の本の出版が進んでいたからである。

九月一日に大連を発ち、四日に横浜に帰宅した。

『漢方診療の実際』を刊行

満州から帰ると、大塚敬節《おおつかよしのり》、矢数道明、木村長久《きむらちょうきゅう》らとともに、西洋医学を修めた医師らが漢方医学を比較的容易に習得でき、理解できる学習書と位置づけた『漢方診療の実際』を出版した。はじめに漢方の診断に触れ、次いで西洋医学の病名と漢方の治療法を説明した書である。

矢数道明とは本を通して出会い、親交を結んだ。矢数は「漢方三兄弟」として有名で、道明の実兄が

『森道伯先生伝』を非売品として出版したとき、店員に名刺を持たせて購入しに行かせたのがきっかけで親しくなった。

大塚と藤太郎は古方派の湯本求眞に、矢数は後世派の森道伯に、木村は折衷派の浅田宗白に就いて、それぞれ漢方を修めた。古方派は、『傷寒論』、『金匱要略』をよりどころにし、後世派は金・元時代以降の方書を取り入れ、折衷派は両派の長所を選択して、歴史的にそれぞれ発展してきた。『漢方診療の実際』はこの三派が団結交流して出来上がった。明治以降、生き残ったこの三派の漢方医家に就いた三人が、西洋医学と関連させて集大成した新しい昭和の漢方の一面を開いた。昭和二十九（一九五四）には『漢方診療の実際』を増補改訂し、刊行した。この書籍は国内で数回ほど版を重ね、中国では『中医診療要覧』の書名で北京人民衛生出版社から、韓国では『実際漢方診療』としてそれぞれ翻訳出版された。その後、昭和四十四（一九六九）年に一般の要望に沿うように全面改訂し、書名も『漢方診療医典』に改め、内容を充実させた。現代的な病名か

左：ともに湯本求眞に学んだ漢方医・大塚敬節，右：本を通して知り合った漢方医・矢数道明

ら漢方医学を説明しているのを特徴とし、わかりやすい記述を心がけた。

太平洋戦争勃発の翌年、満州国建国十周年薬学大会に出席

昭和十六（一九四一）年十二月八日の朝、ラジオから臨時ニュースが流れた。「大本営陸海軍部。十二月八日午前六時発表。帝国陸海軍は今《こん》八日未明、西太平洋において米英軍と戦闘状態に入れり」と真珠湾攻撃の大戦果が報じられた。日本は戦争の泥沼に突入していった。

その翌年の昭和十七（一九四二）年七月、藤太郎は前年に続いて漢薬の調査のため、満州に向かった。出かける三か月前の四月には『第五改正日本薬局方』を著している。七月十日に横浜を発ち、新京へ直行した。四日間は満州国建国十周年薬学人会に出席し、大会の見学旅行に参加して奉天、撫順、鞍山を訪れた。七月二十四日には京都帝国大学の木村康一とともに、熱河省の赤峰、承徳を見学した。熱河省は漢薬の宝庫で、赤峰には麻黄が至るところに野生しており、倉庫には収まりきらず野外に山積みされていた。甘草も多く産生し、醤油の甘味料として内地に発送されていた。

七月二十五日には赤峰江でアヘンの製造を見聞した。農夫がケシの乳液を天日で濃縮し、ブリキの小さな缶に入れ持参したものを撫査官が箸でかき回す。それを小さな豆ランプで燃やして匂いと味で水分量を判断して記入する。こうして正味量を計算して五十グラム一円で買い上げる。藤太郎は一日がかりで交渉して乳液を買い集め、木箱に広げて直射日光に当てながらかき回した。空気が乾燥した土地柄の

ため、たちまちのうちに固くなった。餅のようになった塊を一個七分（二センチ）ほどの大きさに切って木枠に入れ、二寸七分（八センチ）×三寸三分（十センチ）×六寸七分（二十センチ）の長方形のアヘン塊とした。

七月二十七日には承徳に行き、昔の離宮やラマ寺を見物して、二十九日には奉天に向かい、陸軍衛生工廠長・阿部要治の案内で華草園、東陵を見物した。

八月一日、新京で開かれた最後の『漢薬典』の編集会議に出席した。新京翠華病院二階の病室に満州医科大学の岡西為人教授、山下泰朗、竹内夫、木村康一らと合宿した。調査会は四馬路の漢薬研究所で七日間にわたって行われた。満州政府から香山満寿雄、郭鳳来、張継有、辛元凱らが出席した。条文をほぼ完成させて丁香から金まで四百十五種の漢薬を規定し、翌年、ガリ版刷りを各委員に配布した。

調査会を終えると、満州国民生部の香山満寿雄が漢薬交易を政府と交渉するためモンゴルへ行くと言うので同行した。八月十日に新京を発ち山海関を経て十一日、天津に向かった。そこで一般の漢薬店、さらに天津最大の仲買商・恵源長を訪ねて倉

新京で開かれた『漢薬典』編集会議（右から２人目が藤太郎）

庫にある山積みされた漢薬を見学する。天津に滞在する中山庄之助、山本敏子、平井うさらに会い、親交を深めた。

八月十三日、北京を経由して、十四日に張家口に着く。モンゴル政府の豊田武らの案内で野生の甘草、知母、柴胡、酸棗仁などを採集する。モンゴル服の盛装した婦人にしばし目を奪われてしまう。

八月十六日、厚和を経て、十八日、鉄道の終点の包頭に着いた。ここは西方貿易の最先端の場所で、人口七万。有名な黄河は四川省に源を発し、北行し、モンゴルに入って約四百キロ東折するのだが、そのほぼ中央の北岸に位置する。黄塵と土塀の町で、道路には深さ十センチ以上にも達する微細な黄褐色の土粉が積もって、少し風があると舞い上がる。黄塵万丈の発生地である。包頭から一キロで黄河に達し、その中程、五百メートルのところの二里半村には中国最大の甘草輸入商があり、甘草、銀柴胡が露天に山積みにされていた。

八月二十日、包頭から大同に引き返し、雲崗の石仏を見物する。八月二十三日に北京に戻り、同仁堂、西鶴年堂な

帝国女子医学薬学専門学校卒業間際の学生と（昭和７年１月17日，中央が藤太郎）

どの薬店を見学し、漢方医の施今墨を訪ねた。施の娘の施越華は、藤太郎が教えている帝国女子医学薬学専門学校の薬学科の学生である。父親から「娘は懸命に勉強しているでしょうか。日頃のお世話に大変感謝しております。今は卒業を楽しみにしています」などと言われた。「よくやっていますよ。息女の卒業後の活躍を期待したいです」と受け答えると父親に笑みがこぼれた。当時、帝国女子医学薬学専門学校には台湾や中国からの留学生も多く、皆、優秀であった。藤太郎は留学生に対しても心を砕き、就職の相談など世話をした。戦中、戦後を通して、卒業後も藤太郎を慕って留学生が国内、国外を問わず同窓会、クラス会などを開いてきた。

『清水調剤学』を刊行

満州から帰ると、科学書院から『清水調剤学』を刊行した。

当時、薬学者は「調剤学」という言い方はせず、「調剤術」と呼んで、「学」とは認めようとしなかった。薬学教育は化学全盛であって、調剤は薬の数を正確に数えて袋に入れることがすべてであり、ましてや「調剤学」などと称するような科学的な学問とは思われていなかった。それが調剤学発展の妨げとなり、後々まで影響した。いい加減な調剤をしていては患者や医師からの信頼は得られないと考えていた藤太郎は、薬学教育で軽視されてきた調剤を学問として確立させたいとの思いから、昭和十三（一九三八）年に『調剤学概論』を刊行していた。この本の目的について冒頭で、「薬学における調剤軽視を戒め、警鐘を鳴らすとともに、調剤の重要性を説き、新しい調剤学の理論と実際を論述した」ことを述べた。旧帝国大学を中心とした大学人には、薬学教育で薬剤師職能教育を充実させる必要性をあまり認めず、薬剤師教育そのものに対する消極的考えが根底にあった。『清水調剤学』は、系統的に調剤学を立派な学問として確立することを目指したものである。同じ出版社から刊行していた『調剤学概論』と区別するため、『清水』とつけることにしたというだけなのだが、これが大問題になったのである。旧帝国大学の教授たちから、学問に自分の名前をつけるとはとんでもないと非難する声が上がり、東大病院の畑忠三薬局長からは直接、注意を受けた。結局、他意はないことが納得され、無事、出版することができた。

『清水調剤学』は六篇から成り、第一篇の総論には薬剤師の職分、薬局の設備、処方箋などが記述されている。第二篇から第六篇までは各論として、水剤、注射剤、散剤、丸剤、錠剤、軟膏、配合禁忌、薬価計算、調剤規範、調剤学と社会が記述されている。中でも第五篇の調剤規範は、処方箋受付、調剤、交付について薬剤師の心得を説いたものである（その全文を本書巻末の「資料篇」に掲載したので、参照されたい）。

昭和十七（一九四二）年頃には薬局でオランダ関係の仕事が多くなったので、東京西八重洲にあった南洋協会で開かれていた、外国語大学の教師が講師を務めるオランダ語の講習会に入会した。一年間ほど勉強したが、文字の発音を覚えるのが精一杯で、英語、ドイツ語、フランス語のようにはマスターできなかった。

一方、学校では、戦争がどうなっていくかが気がかりで、卒業後の進路をどうするか、決めかねる学生は少なくなかった。特に外地への就職を希望する者は悩みが大きかった。普通、学者、教授は学問についての指導はしても、就職先まで教えることはない。しかし、藤太郎は違った。どんな相談にも乗った。中国天津の薬房に採用が決まったある卒業生は、いざとなると行くべきかどうか躊躇し、真っ先に相談に来た。「ああ行ってらっしゃい、行ってらっしゃい。嫌ならいつでも帰って来ればいいじゃないか。旅費は向こうが払ってくれるのだから。それだけで得だよ。その上、見物もできる。こんないいことはないよ」。その言葉で決心がついて、卒業生は気分良く天津へ向かった。昭和十九（一九四四）年頃に天津を訪ねたとき、その卒業生がにこやかに出迎えてくれた。仕事がうまくいっている顔だった。

空襲警報の中、植物採集

戦争が激しくなっていく中、藤太郎は一時中断していた植物採集を再開する。講師を務めていた、拓殖大学での漢方の講義を受けていた人たちに声をかけて、新たに会を結成し、月一回、採集に出かけるようになった。薬剤師が漢方を勉強していくには、生薬を実際に見て知る必要があり、実務実習の場としても最適だった。参加者は次第に広がり、薬剤師のほかに、菓子屋、眼科医、政治家など、多種多様

艸楽会活動。十国峠頂上にて（昭和 16 年 11 月 1 日。
石碑の左が藤太郎，写真右端は長男・不二夫）。

になっていった。しばらくして参加者から、会に名称をつけた方が良いという声が上がった。そこで、草を楽しむ集まりであることから、草冠（艸）に楽を続けて「艸楽会《そうらくかい》」とした。名前をつけた後で、艸と楽の二つの文字を合わせると「薬」になることに気づき、さらに愛着が沸いた。

植物採集は集合場所を駅にしていた。交通が規制されてきており、構内が混雑することも少なくなかったが、そんなときでも、背が高い藤太郎を誰も見失うことはなかった。藤太郎はいつも遠くから手を振って参加者を誘導した。採集には長男をよく連れて行った。生活の中に戦争が入り込み、一方で薬局の業務や学校の教育などで忙しくしており、せめて少しでも子供と一緒の時間を作りたかった。現地に着くと、先陣を切って大またに歩いた。参加者が追いつくと、すでにいろいろな植物を見つけており、植物名、効用などを解説した。

関東周辺を訪れることが多く、御殿場地域ではミシマ柴胡を採集した。御殿場線の二宮駅と下曽我駅の間では茯苓を探索した。秩父ではロート根を探し、三峯神社では一泊して竹節人参を採集した。採集中、山の中で警戒警報を聞くこともしばしばあった。御殿場でミシマ柴胡を採集したとき、夕食を終えて、中国の柴胡の話をしかけたところで空襲警報が鳴り、灯火管制が出る始末で、参加者一同、不安の中で過ごした。

ささやかな楽しみもあった。二十人ほどで、小海線で長野県の臼田に行ったときは、植物採集で成果はなかったが、盆踊りの日と重なり、行事が終わった後に旅館でご馳走が振る舞われた。食糧不足の時代に久しぶりにまともな食事にありつけたと参加者は顔をほころばせた。翌日、女将の紹介で人参の栽培をゆっくり見ることもできた。

昭和十八（一九四三）年十月六日、薬事法に基づく薬剤師会令が公布されて日本薬剤師会は官制となり、薬剤師補修教育、防空医療救護対策、集団疎開児童の保健対策などに従事することになった。会長、役員人事は選挙から官選に変えられ、都道府県薬剤師会長は地方長官の具申により厚生大臣が任命することになり、藤太郎は理事に就いた。

陸軍の依頼で食用植物の採集に駆り出される

戦争が激しくなり、空襲で物資は極端に不足した。中でも野菜不足は深刻な問題だった。そこで、食用の野草でこれを補うことが考え出された。採集の指導者として、薬用植物や一般植物に詳しかった藤太郎に声がかかった。神奈川では五百人ほどを対象にした採集会があり、鎌倉の明月院の裏で開かれたときは、牧野富太郎とともに指導に当たった。小田原の食草会では石垣山の山麓で大雨に遭い、全員がバクチノキの下で雨宿りをするなどの経験もした。

昭和二十（一九四五）年春頃には陸軍当局の依頼で、横浜のほかに東京西郊外でも薬草、食草の指導を行った。北多摩郡三鷹村の井の頭公園の北にあった陸軍の教養所のようなところに集まった人たちに、プリントを配ってまず講義を行った。その後、公園に行き、草地で藤太郎が一草を手に取って高く掲げると、軍の主任教官が大声で「よし、始めえ」と号令をかけた。集まっていた人たちが、散り散りになって同じ草を採集するという、非常に効率的な方法だった。短時間のうちに、かなりの量が収穫された。

再びすべてを失った横浜空襲

五月頃になると敗戦の色が濃くなってきた。昭和二十（一九四五）年五月二十九日、月曜日。朝から横浜は快晴だった。午前八時十二分、空襲警報が発令される。九時二十分頃、空襲が始まった。横浜上空に錫箔色の翼を連ねたB29爆撃機五百十七機、戦闘機百一機の大編隊がマリアナ諸島から飛来して、京浜工業地帯の軍需工場へ精密爆撃を行った。二時間のうちに市街地は燃え尽きた。その日、横浜市民は肌寒い夜風と小雨の中で一夜を明かした。

馬車道の薬局、居宅のほかに、長男・不二夫の山手の家も石川中町の家もすべて焼失した。一家は焼け出された。藤太郎は甥の大森一郎に仲介してもらい、家族を仙台に疎開させた。一郎は長姉・キクエの長男で、工業高校を卒業し、大正初めに平安堂薬局の店内と奥の部屋を改造するとき手助けしてくれた。改造後は平安堂の店員として定住し、薬局の仕事を手伝っていた。そのうち、薬に興味を持つようになり、東京薬学校に入学して卒業後、薬剤師の資格を取って仙台に戻り、暖簾分けされて平安堂薬局を開設していた。「世話になった横浜の叔父さん一家のことだから」と言って心よく引き受け、疎開先をいろいろ探してくれた。六月四日、藤太郎の母親の実家である宮城県宮城郡七郷字の阿部マスエの屋敷に落ち着けることになった。義母・ワカ、妻・寿々、寿々の妹・慶、長男・不二夫、不二夫の妻・節子、その娘の美知子と麻知子、二男・正夫の八人が、阿部家の二階の二間に入れてもらった。藤太郎は、神奈川県の国防衛生隊長だったので、一人横浜にとどまり、負傷者の救護活動に追われていた。

横浜の空襲で心に傷を負った家族は、静かな生活にひとときの安らぎを得ることができた。しかし、一か月後の七月十日、仙台も大空襲を受けた。阿部家の親戚も避難してきたので、一家は岩沼町にある藤太郎の弟・長尾文五郎の長女の家に厄介になる。文五郎は陸軍砲兵工科学校を出た後、出征先の朝鮮羅南で疸瘡に罹ったため、帰国して、名古屋の砲兵工廠に勤務していたが、脱疽で一足を切除し、除隊となった。その後、三共品川工場に勤めていたとき、もう一方の足をも切断するという不幸が続いた。さらに、昭和二十（一九四五）年三月十日の東京大空襲に遭って仕事先の墨田区で焼死していた。

戦災で家屋の一切を焼失したが、幸いにも粗稿や蔵書の大部分は、神奈川県薬剤師会館に分散させておいたり、相模原葡萄園主の中垣秀雄の好意で倉庫を借りて保管していたため、焼失を免れた。『明治前日本科学史』の原稿も、ひと月前の四月に脱稿して帝国学士院に提出していたので、無事だった。ただ、『薬学大辞典』の原稿は、脱稿して一部を出版社に預け、浜松で印刷を始めたときに空襲に遭い、全焼してしまった。

『薬学大辞典』は、学会誌、専門・一般雑誌や新聞の中から薬物に関する資料を取り入れて、それを英語、ドイツ語、フランス語、ラテン語で引けるようにしたもので、出版前から高く評価されていた。それを焼失してしまったことについて大塚敬節は、「先生の心中を察すると、このことを口に出すのさえはばかられたが、何事もなかったかのように平然としておられた」と、懐の深さに驚いている。しかし本当は、大きな未練があった。

さらに藤太郎にとっていつまでも悔いとして残ったのが、夜学の横浜英語専修学校の卒業証書を空襲でを失ったことである。旧制中学を中退しており、卒業証書は唯一これ一枚で、大事に保管していた。満足に教育が受けられなかったことへの反動でもあった。

海軍の依頼で食草の実地指導

横浜大空襲から三か月ほど後の八月十四日、横須賀の海軍に呼ばれた。三十人ほどの海軍薬剤官に出迎えられ、「薬草、食草の実地指導をせよ」との命であった。京浜急行の逗子線で神武寺駅に集まり、草が茂る林道を登り、山上の神武寺に向かった。そこで休み、尾根伝いに山道を通って鷹取山の石地場で採集した。道すがら植物の説明をして、追浜の海軍病院に戻った。ほぼ一日の行程で疲れもあった。病院の休養室でお茶でも飲ませてもらい一服しようとしたが、院内の職員らがヒソヒソ話をしており、声をかけづらかった。皆そわそわし、落ち着かない様子である。「どうかしたのですか」と聞いても誰も答えない。一緒だった薬剤官らもどこかへ姿を消していた。職員も一人減り二人減り、しばらくすると誰もいなくなって、静寂だけが残った。

上官に今日の採集の結果を報告しようと現れるのを待ったが、いつまで経っても、誰も出て来ない。さっぱり海軍のことがわからなくなって、挨拶もせず帰ることにした。礼儀を重んじる藤太郎にはすっきりしないものがあった。京浜急行に揺られ帰宅すると、一日の疲れがどっと出た。翌日の八月十五日になると、朝早くから「昼頃、大事な発表があるらしい」との噂が広がり、町中が落ち着かない。いよいよ本土決戦に備えよというのだろうか。誰しもその発表を今か今かと待った。

そして正午。玉音放送が流れた。戦争が終わった。昨日の軍の様子がうなずけた。すでに軍の関係者にはわかっていたのだと思った。

第四章

占領軍の置き土産

平安堂薬局の跡地に占領軍が教会を建設

昭和二十（一九四五）年八月十五日、日本は無条件降伏して十五年戦争の時代は終わった。八月三十日にはマッカーサーが厚木飛行場に降り立ち、日本はアメリカを主とする連合軍の占領下に置かれることになった。国土の大半が焦土と化し、国民は極度の食糧不足により体力が低下していた。医薬品も不足し、命を落としていく人も見られた。政府はガリオア（Government Appropriation for Relief in Occupied Area Fund：占領地域救済政府資金）による輸入やララ（Licensed Agency for Relief Asia：アジア救済連盟）物資の中の医薬品を活用して需給緩和を図り、さらに旧陸海軍保有の医薬品の緊急配分を行うなど対策を講じたが、不十分であった。

横浜は占領軍の日本上陸の玄関口、本拠地となり、関内の焼け跡にはカマボコ兵舎が立ち並んだ。接収地は立ち入り禁止で検問所が設けられ、市民は不自由な生活を強いら

占領軍のカマボコ兵舎（横浜市史資料室編集・発行『写真集「昭和の横浜」』より）

れた。伊勢佐木町の脇には飛行場があり、野毛ではヤミ市が繁盛していた。精神的にも肉体的にも苦しい時代、磯子区のアテネ劇場の舞台で「リンゴの唄」を歌う少女、後に美空ひばりとなる美空和枝の歌声が響いた。市民はひとときの間、その美声に勇気づけられた。

八月十五日には鉄道も再開したので、清水一家は不二夫の妻・節子の実家である大分県竹田市の首藤宗利の好意で、同家の奥座敷に疎開することになった。横浜ですべてをなくし、住むにも食べるにも不自由していただけに、大分での生活は別世界に見えた。その翌年の昭和二十一（一九四六）年一月、金沢区金沢町に家屋を見つけ、買い入れることができた。何とか住めるようにして、二月に家族を大分から呼び寄せた。一年近く、流浪の民のような生活を強いられてきたが、やっと慣れ親しんだ横浜の地を踏むことができ、互いに手をとり、無事に生き延びたことに涙した。

住むところは何とか手に入れることができたが、生活の糧を得る薬局の再建はままならなかった。戦災に遭った馬車道一帯にも、占領軍のカマボコ兵舎が建設された。百坪あった平安堂の跡地も接収され、教会が建てられた。いずれは土地が返還されるのか、それともこの先もずっとされないのか、見当もつかない。もし返還されるとしても、いつになるかは知る由もなかった。仕方なく、横浜駅前に小さなバラックの仮店舗を建て、不二夫が経営に当たった。横浜駅の一部は米軍の輸送部に接収され、店の前も軍服姿のアメリカ人が往来していた。

占領軍は日本に非軍国化、民主化を求めた。昭和二十一（一九四六）年十一月三日に日本国憲法が公布されると、さまざまな制度の民主的な改革が次々に行われた。薬事制度についても、昭和十八（一九四三）年に制定された薬事法は戦時色が強く、戦後の社会情勢から見てふさわしくない面が多かったため、全面的に改正された。新しい薬事法の制定には連合国軍総司令部（ＧＨＱ）の裏工作があった。公衆衛生福祉部のジョセフ・ブランスキーが日本各地で薬学関係者と会議を持ち、アメリカの薬学教育などを取り入れるよう働き掛けていた。

新薬事法の制定に関わる

藤太郎は新薬事法制定に委員の一人として関わった。アメリカ式の薬事法を取り入れさせるのに適任の人物だった。帝国女子医学薬学専門学校の教授で、神奈川県薬剤師会長の職にもあり、通訳がなくても対等に話せるほどの語学力がある。その上、薬局方、薬局経営、薬事行政など幅広い領域に詳しい人物は、そんなにはいなかった。

上：空襲の焼け跡。下：多くは整地されて米軍施設が建設された（横浜市史資料室編集・発行『写真集「昭和の横浜」』より）。

ＧＨＱは新薬事法を制定していく上で、特に要指示薬の扱いと、新薬の定義を問題にした。スルファミン、ペニシリンなどの製剤を、医師・歯科医師の指示がなければ販売あるいは授与できないようにするかどうかが議論になった。素人が乱用すると、その効力が減少すると考えられるため、十分に治療経験がある医師・歯科医師の指示のもとに販売・授与するのが望ましいというのが、アメリカの考えだった。

藤太郎はこのとき、「占領軍から出されたPharmaceutical Affairs Law（薬事法草案）では、all sulfa, penicillin or streptomycin preparation or any other antibiotic preparation（サルファ剤、ペニシリン、あるいはストレプトマイシン製剤、その他の抗生物質製剤）とあるだけである。しかし、アメリカ本国では Prescription Legend Drug（要指示薬）となっており、それに違反して販売していた人の名前が薬学雑誌の一面に細字で報告されている」とＧＨＱに迫った。「この条項が励行されると、民衆はヤミで薬を買い、薬局はヤミで薬を売る事態が起きる可能性がある」と批判した。サルファ剤、ペニシリンを乱用すればその効果が減少することに理解を示しながらも、「医師の診断がなければ手に入らないのであれば、一々医師の診察を受けなければならないことになり、経済的に困窮している国民の費用の負担が大きくなる」と戦後の日本国民の実情を訴えた。

医薬品は日進月歩で、ペニシリンなどの生産も飛躍的に向上していた。抗生物質の要指示薬に関する言及がＧＨＱからあったため、性病、結核などの感染症に関し、治療薬が外国から入り始めていたときでもあり、わかりやすく説明する必要があった。「戦後の混乱した日本で花柳病が想像以上に蔓延している事実を考えると、それを食い止めることは、薬剤師、医師という取扱者の立場からの議論ではなく、いかにその薬品の恩恵を多くの人が共有できるかの議論にかかっている」と前置きし、敗戦した国に対し、文化程度が高く経済的にも富んだアメリカと同じような法律を押しつけるのは国民のためにならないと非難した。

新薬に用いる用語も問題になった。アメリカの薬事法では Federal Food Drug and Cosmetic Act（米国連邦食品・医薬品・化粧品法）によって、従来、薬剤師が薬品製造販売する際、届け出る必要はなかったが、"New Drug" の場合は届け出なければ許可されないことになった。"New Drug" とは新しい化合物のことを指し、旧来の化合物であっても用法が新しい場合は「新薬」とされた。たとえば、サリチル酸は旧《ふる》い化合物だが、油に懸濁して注射剤にすれば「新薬」ということになった。しかしこの定義に従えば、日本では薬をすべて届出で許可しているので、ペニシリンのようなものを「新薬」とは言えないことになってしまう。そこで藤太郎は、新薬の規定を薬事法から取り除くよう要請した。

昭和二十三（一九四八）年七月二十九日に新薬事法が制定された。六月八日に開かれた第二回国会の衆議院厚生委員会で、政府委員の喜多楢治郎厚生政務次官が薬事法案の提出理由として、昭和十八（一九四三）年に制定された薬事法は戦時立法であり、規定の中には不適当、不要なものが多々あることを挙げた。

新薬事法案の骨子は、総則、薬剤師、薬事委員会、薬局および調剤、医薬品・用具・化粧品、監督、雑則、罰則の八章、附則の七十五条から構成されている。第一章は薬事法に用いられている法律用語の定義、適用範囲、第二章が薬剤師の身分規定で、薬剤師の免許証、更新、薬剤師国家試験制度の規定である。第三章が薬事委員会についてで、薬事業務の民主化を図るための重要な権能を持つ委員会と位置づけている。第四章は薬局および調剤に関する規定で、昭和十八（一九四三）年に制定された旧法と大きく変わっているのは、薬局を許可制から登録制にし、附則にある医師、歯科医師、獣医師の調剤権に関する規定を調剤権の条文の但し書きに付け加えたことである。第五章では医療器械器具、そのほかの衛生用具、化粧品も医薬品に準じる規定に付け加え、第六章、第七章は監督、雑則で、薬事監視員、登録の基準、公聴会に関する規定である。

第一回国会で審議され、旧法より取り締まりの範囲を広くしている。これまで別の法律で扱われていた医薬部外品、毒劇物もすべて今回の薬事法案に包括された。薬剤師の免許については、薬剤師法（大正十四（一九二五）年四月十四日）では、大学で薬学を修めた学士、官公立の薬学専門学校や文部大臣が認め指定した学校を卒業すれば与えられていたが、医師・歯科医師と同じように国家試験制度を設け、それに合格した者に付与することになった。薬剤師会に関する規定では、新憲法の精神から現行法の「薬剤師は薬剤師会を設立して強制加入しなければならない」を削除している。新たに、スルファミン、ペニシリンなどの製剤は、医師・歯科医師の指示のもとでしか販売あるいは授与できないようにした。

それは藤太郎がかつて法案制定に関して占領軍に問題提起していた事柄であり、国会でも、医師・歯科医師の処方箋がなければスルファミンなどを販売・授与できないようにした理由が審議された。

スルファミンなどを処方箋薬としたことについて東龍太郎厚生技官は、素人が乱用すると、その効力が減少する可能性があるため、治療経験が十分にある医師・歯科医師の指示のもとに販売・授与するのが望ましい、との考えを示した。質問に立った榊原亨委員は、ペニシリンは多量を用いても身体に害はないと思っているが、乱用により効果が低下したという研究はあるのか、また、ストレプトマイシンの毒性について記載された文献はあるのかと質したところ、東厚生省技官はアメリカの方針に倣ったことを吐露した。厚生省としては、これらの薬品は血液中で同一濃度に保つ必要があり、用法・用量を守らず、また、ときどき服用をやめるようなことをすれば薬効が軽減するとの見解から、毒性のみを問題にしたわけではなく薬効を考えてのことであると弁明した。有田二郎委員もサルファ剤、ペニシリン、ストレプトマイシン、その他の抗生物質の調剤拘束条項は不当であると詰め寄った。

六月十日に開かれた厚生委員会の質疑で有田委員は、国民が常識として知っているスルファミン、ペニシリンを厚生大臣の指定医薬品にすれば、今後、自由に買えなくなって病気の治療を遅らせることになる。一々医者にかかることになれば、医療費に悩む国民の生活に影響が出ると指摘したが、久下政府委員は「指定する薬品は薬事委員会の審議を待って決定する」と曖昧に答弁した。煮え切らない政府委員の姿勢に有田委員は、東大教授・石館守三の次のような見解を引き合いに出し、説明を求めた。

「スルファミンが世に出て十年になる。当時は乱用や粗悪品が問題になり、中毒事件も起きたが、その後七〜八年目に日本薬局方に取り上げられたときには、中毒量と薬用量の開きがきわめて大きいので普通薬に規定され、現今、本邦では生産が思うに任せない状況でも、良質なスルファミンは月産二十トンで、感染症治療薬として親しまれている。これを医師の診断書をもとに入手する劇薬扱いにするのは、民衆の福利にとってゆゆしき問題である。米国の三分の一の州が医師の指示で使うことになっているが、むしろ過去の事象である。一部の論者は、スルファミンの誤用で細菌が耐性を持ち、治療が困難になる根拠として試験管実験の結果を挙げるが、それを人体に当てはめて類推するのには論理に飛躍がある。試験管実験の結果が臨床で確証されていない。化学療法は、体内の細菌増殖を薬物で抑制することであり、医師の使用で菌の抵抗力が増大せず、素人が使えば菌の抵抗力が増すわけがなく、スルファミンは元来毒性が弱く、ある程度、使用法を守れば、なんら心配はいらない。もちろん、特異体質的に中毒に敏感な人がいるように、人によっては軽い副作用が現れることもあるが、乱用しない限り、生命に危険はない。」

これに対し榊原亭委員は、「試験管内での細菌の薬物に対する抵抗性は実証されているが、臨床では証明されていない」と石館教授の見解を引用した有田委員の発言に、次のように反論した。

「十三年前、ドイツでスルファミンの乱用で菌が抵抗性を示したことが報告されている。吉原の売春婦がこしけ（病的に増加した帯下）がひどくなるとスルファミンを買い求め、症状が消えると服用を止め、再発するとまた買いに走る。そのうち効果がなくなる。スルファミンで治らない淋菌が増える。ペニシリンも同様であり、自由に手に入れば誤用して花柳病が治らない症例が増える。」

久下政府委員は、スルファミン、ペニシリンを指定医薬品にしたのは、使用によっては菌が抵抗性を増すようになるからだ、と榊原委員の考えを支持した。

藤太郎は、国会審議で石館守三の見解をもとに論議されたのを知り、まだ学生だった石館と一緒に胴乱を担いで植物採集に出かけたときのことをなつかしく思い出した。

国会ではこのほかに、医薬分業についても審議された。医師と同じように薬剤師も調剤を拒否できないとの強制的な法案を作成すべきではないかとの質問が出され、政府側は、当初、調剤業務に関し、その規定を入れる方向で検討していたが、入れなくても結果は同じとの理由から、審議過程で削除したことを明らかにした。さらに、分業により処方箋が公開されることになれば患者の病名が部外者にもわかってしまう危険性を指摘した。それを防ぐために、医師には患者の診断治療に際し、守秘義務を遵守して、処方箋を発行するときには封緘して渡し、受け取った薬剤師が開封して調剤するべきであるとの考えを示した。これは法律の表には出てこない問題で、実際の取り扱いで解消し、提起したいと政府委員は答弁した。

六月十二日の厚生委員会で徳田球一委員は、医薬分業の実施を前提として薬事法案を成立させることは「経済状況から見ても困難である」と問題視した。開業医の八十パーセントが、患者がなかなか受診せず、生活できない状況の中で、薬剤師を雇ってまで調剤業務を行わせる余裕はないと言うのである。さらに、医師は事業税を徴収されるからますます厳しくなると見ており、経済状況、社会状況を整備することが先決であり、この法案の実施が医師、薬剤師のさらなる対立を生み出すのではないかと懸念した。「合理的に考えれば医薬分業を実施した方が良いが、経済状況が悪い現状では互いに利益の争奪戦になる。公共性が高い業務である石炭業の赤字を国民の税金で補塡しているように、国家が赤字を補塡するような仕組みを作ること」の必要性を説いた。

藤太郎は、薬事法の国会審議のときから一貫して、占領軍との会議でも、ペニシリンなどを薬局で買えるようにするよう迫ったが、結果としてそうならなかったことを無念に思った。さらに、せっかくＧＨＱの公衆衛生福祉部の最高責任者・サムス准将が、日本では行われていない医薬分業を多少なりとも進めようとしていたのに、自分が薬事法制定委員会の委員だったときに、その議論をしなかったことを悔やんだ。

日本薬局方調査会の幹事に

藤太郎は薬局方にも深く関わり、もはやこの領域になくてはならない人物となっていた。当時、日本薬局方調査会会長であった慶松一郎は、いち早く日本薬局方の将来に思いを馳せ、従来のドイツ、スイス式から、アメリカ、イギリス式に切り替える方針を打ち出していた。さらに、調査委員の人選に当たってもそれまでの官僚主義を改め、民間からも人材を広く起用し、民主的運営の道を開くことにした。

昭和二十一（一九四六）年六月八日にその手始めとして、福地言一郎、酒井威らとともに日本薬局方調査会の幹事に選ばれた藤太郎は、港区芝白金台の公衆衛生院にあった厚生省で開かれた初会合で、自主的に始めていた調査をもとに、世界の薬局方について解説し、日本薬局方の将来について論じた。

大学、病院など多くの施設が戦災で薬局方を焼失しており、厚生省も右往左往していた。それを憂いた藤太郎は、いち早く『第五改正日本薬局方』を校訂して発刊した。戦前、戦中にわたり、本は必ず二冊買い、一冊を自宅に、もう一冊を神奈川県薬剤師会館に分散させ保管するのを習慣としていた。自宅は戦災を受けたが、会館は免れた。薬局方を発刊できたのは、そっくり残ったそれらの書籍のおかげである。戦後の医薬品市場はこの書籍により混乱することはなかった。

第六改正薬局方のときには総括部会長として全体を統括し、特に、通則、ラテン名、製剤総則の制定に心血を注いだ。

昭和二十二（一九四七）年夏から本格的な薬局方の編纂作業が始まった。八十人の編集者がわずかな交通費だけを渡されて、手弁当で毎週一回の会合に出席した。諸般が不自由な時代であり、国家の予算も少なく、用紙も満足にないため、各方面に無理を強いることになった。食糧難の時代であり、公定書審議委員たちは手分けしてヤミ米を調達し、箱根小涌谷の冠峰楼に数日間こもって、夜中まで熱い議論を戦わせた。委員会では、藤太郎が永年にわたって蒐集していた膨大な薬局方関連資料をすべて翻訳して提出し、それをもとに議論された。特に薬局方の基本事項である通則、生薬総則については、数か国にわたる原文の資料をタイプし、これに訳をつけて配布し、審議会をリードしていった。他人の意見をよく聞き、自らの考えと違っていても決して論駁することはなく、「そうかな」と言うのみであり、会はうまく運営された。

藤太郎の熱意溢れる姿に委員たちは心を打たれた。休憩時間には箱根の植物について詳細な調査を行ったことなどを話し、周りの委員を感嘆させた。

編集作業は従来になく困難を極めた。「何々スヘカラス」を「何々をしてはならない」、「ナラサルヘカラス」を「しなければならない」と表現するかどうかをめぐってさえ、長時間、論議さ

戦前の神奈川県薬剤師会館

れ、一～二の用語を決定するにも夜を徹することもあった。

「くたびれて双方どうでもよくなったこともある」と、藤太郎は難事業だったことを吐露している。用語を決めるに当たっては科学的な根拠は乏しく、慣用が先行し、誰でも口を挟むことができるために時間がかかった。終戦後二年ほどしか経っておらず、薬学から遠ざかっていた委員がほとんどで、なかなか良い用語の案が挙がってこなかった。「今回なお、局方文なども編集者さえ気がつかない種々の欠点が残っている。さらに、局方は時間と金をかけなければ完全なものはできない」との印象を強くしていた。草案審議のはじめの頃は、藤太郎が手持ちのUSPX II（アメリカ薬局方、一九四二）を主な手がかりとして、まず通則の条文から取り組んだ。

昭和二十三（一九四八）年七月三日には、篠田淳三、阿部勝馬らとともに日本薬局方調査会臨時委員に任命された。薬事法改正後も薬事審議会（現・中央薬事審議会）の委員となり、薬局方改正に尽力した。昭和二十四（一九四九）年二月には『注解第五改正日本薬局方』を、昭和二十六（一九五一）年五月には『第六改正日本薬局方要覧』を、八月には共著で『注解第六

公定書審議委員（右奥が藤太郎）

改正日本薬局方』を出版した。

正倉院薬物調査に参加

薬局方の業務に追われていたとき、正倉院の薬物調査にも関わることになった。宮内庁は昭和二十三（一九四八）年九月二十八日、東大教授・朝比奈泰彦を代表として、東西の大学関係者に正倉院の薬物科学調査を依頼した。藤太郎もこれまでの実績が認められ、関東からの代表として鈴木秀幹、柴田承二、藤田路一らとともに選ばれて参加することになった。朝比奈とはしばらくぶりだった。調査団が組織され、十月十六日から二十日までの五日間、奈良の薬師寺に宿泊して、午前中の二時間、午後の二時間、御庫が開かれる間に顕微鏡検査、化学的検査を行った。

東大寺の後方にある正倉院には、当時の衣類、楽器のほかに多数の漢薬が収蔵されており、天平勝宝八年六月二十一日に奉献されたときの薬物の目録『薬種二十一櫃献物帳』が保存されていた。明治以来、二～三人の学者によって漢薬の調査が行われていた

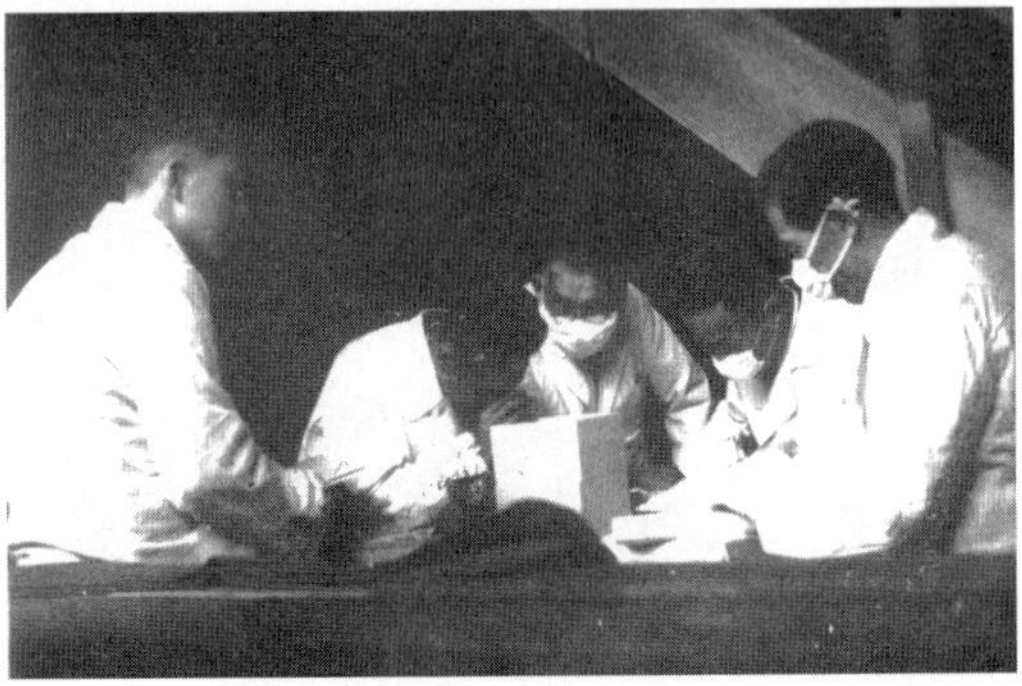

正倉院薬物調査（中央が藤太郎）

が、ほとんどが薬学の専門家ではなかったので、詳しいことはわかっていなかった。昭和四〜五（一九二九〜一九三〇）年になって初めて薬学者の中尾万三博士が調査して『正倉院宝庫漢薬調査報告』を刊行していたが、この調査では顕微鏡検査、化学的検査が行われておらず、ただ外観による分類にすぎず、学問的に満足の行くものではなかった。

昭和二十三（一九四八）年の最初の調査の年に、京都の東方学術協会から『正倉院文化』が発行されることになった。その中の正倉院御物中の「漢薬」と題した文書の校正刷りを見た藤太郎は、白皮を桑根白皮としている間違いを訂正した。この書がきっかけで白皮が白及《びゃくきゅう》と誤解されるようになったことを知る。

『薬種二十一櫃献物帳』には「白皮」があるが、古くからある本草書にはこれがない。「白皮」とつくものには梓白皮（トウキササゲ）、楡白皮（楡の樹皮）、桑白皮、桑年白皮（桑の根皮）があるが、今までの学者は献物帳の「白皮」は桑白皮と考定していた。その後の調査で、天平から五十年後の『弘仁二年官物勘録』において、青箱草と理石の間に白皮とあるべきところを白及と書かれているのを見つけ、やはり白皮は白及の誤りであったのだと確信した。白及はラン科のシラン（*Bletilla striata*）の小根である。

正倉院薬物の考証についてはいくつかの報告があり、『正倉院薬物の史的および商品学的考察』は広範囲にわたって御薬を詳細に説明しているが、薬物の考証については議論すべきことが多いと感じていた。主として『新修本草』、『本草綱目』、『本草備要』、『和漢薬考』を参照しているが、生物学的考証、薬効の記載に誤りが多い。しかもこの誤った所論を日本文のみならず、ドイツ文や英文で世界に発してもいるので、その影響は大きく、残念に思った。

御物の中には立派な人参もあった。根の方は大部分朽ちて完全ではなかったが、上部は残茎が長くなって数十本、虫もつかずに現存していた。この部分は長さ十～十五センチで、葉のついた茎の落ちた残痕がくぼみになって十～二十個並んでついていた。この残痕は一年に一個つくので、この人参は少なくとも十～二十年経ったものと推測された。桂皮、厚朴、遠志、竜骨、巴豆、甘草などはいずれも、今の市場に出しても最良品として扱われる品質であった。

世界レベルで珍重すべきものも見つかった。中国にはなくインド、ペルシャ（現・イラン）、アラビア地方で産する胡椒、阿麻勒、阿梨勒、紫鉱なども残されていた。保存されていた生薬は単に「物珍しい到来品」として大事に保管しておくためだけではなく、実際に庶民を救うためにも用いられていたことが、献物帳の光明皇后の願文で明らかになった。それには「もし病苦によって用うべき者があったら僧侶に知らせて使用を許す。伏して願わくはこの薬を服する者は万病悉く除かれ千苦皆救われ、諸善成就して諸悪断却され、業病でない限り長じて若死にすることなく、命が終わっても花蔵世界に往生して盧遮那仏に会い奉り必ず遍法界位を証得せんと欲す」と書かれ、その後、たびたび、人参五十斤、桂心百斤などが地方に分与された記録も残っていた。

この調査で中国の古い漢薬も明らかになり、疑問の残る点が二～三あったが、大部分は解消された。「単なる草根木皮の生薬が千二百年間もわが国に保存されて吾人の目前に見ることができるのは、薬学に携わる者の一人として真にありがたい」と藤太郎は学者冥利に尽きる思いがした。

昭和二十四（一九四九）年には、再び正倉院の薬物調査に参加した。十一月一日から六日までの六日間、大仏殿の前の宿舎に合宿して正倉院北倉に貯蔵されている薬物を調べた。前の年と同じように午前中の二時間と午後の二時間、御庫が開かれ、その間に顕微鏡検査、化学的検査を行った。その結果、目録の『種々薬帳』にある六十種類の薬のうち、四十種を発見することができた。

深夜の羽田に降り立った五人の外国人

昭和二十四（一九四九）年七月一日、夜の九時五十分。パンアメリカン航空機が闇の間を縫って羽田空港に白い機体を輝かせて着陸した。タラップから五人の外国人が降り立った。バーデュ大学薬学部長兼アメリカ薬剤師協会会長のジェンキンス、デューケン大学薬学部長のマルドゥーン、カリフォルニア大学薬学部長のダニエルス、ミシガン大学病院薬局長兼アメリカ薬剤師協会会報編集長のフランキー、全国薬事連合会副会長のフランゾーニ――アメリカ薬剤師協会の使節団の面々である。タラップの下ではＧＨＱの公衆衛生福祉部のサムス准将、バンド課長のほか、日本からは厚生省の星野薬務課長、日本薬剤師会の刈米達夫会長が出迎え、服部徳子（故東大教授令嬢）が和服姿で花束を贈り、長旅の疲れをねぎらい、歓迎の言葉を述べた。関係者は短い会話を交わした後、黒塗りの車で、焦土と化した東京の、暗闇に包まれた道路をライトで照らしながら、宿泊先である日比谷の帝国ホテルへと向かった。アメリカ薬剤師協会会長らの来日は、日本薬剤師会の武田孝三郎副会長、高野一夫専務理事がサムス准将に招聘の斡旋を頼み、快諾が得られて実現した。

薬事関係者に対し、ＧＨＱはいずれの分野でも民主主義をもとにした指令を出しており、永年の課題であった医薬分業問題も、アメリカの指導のもとに解決できるのではないかとの思惑もあった。

使節団は翌日から約三週間という短い限られた期間で、精力的に日本各地の薬学、薬業関係者に会い、会議などをこなして、日本の薬事事情をつぶさに調べていった。

アメリカの委員とやり合った藤太郎

各地で会議が開かれたが、東京大学医学部の会議室では教育委員数十名が会見して、薬剤師の教育内容の意見交換の場が持たれた。委員の一人として藤太郎も会議に出席した。実地薬学、生物学、解剖生理学などにも話が及び、さらに薬事法で薬剤師国家試験が盛り込まれたことから、薬学教育のあり方が問われた。会議ではあらかじめ日本側から提出しておいた資料について議論され、その中で医学にPharmacology（薬理学）の文字が入っていることをアメリカの委員が問題にした。

Pharmacologyは薬学の領域であると指摘し、なぜ医学に入っているかを問いただしたのだ。そのとき席を立ち、説明を始めたのが藤太郎であった。英語のほかにドイツ語に精通していたこともあり、ドイツ、アメリカの事例をもとにPharmacodynamics（薬効学、薬力学）の意味であると説明した。

実際、英語のPharmacologyは「薬学」と訳すべきもので"*American Medical Dictionary*"（一九五一）も"The Science which deals with the study of drugs in all its aspects"（医薬品をあらゆる方面から研究する科学）とし、Pharmacyはむしろ同書では"The art of preparing, compounding and dispensing medicine"（薬剤を調整、調合し投与する学問）と範囲を限局していると述べ、ニューヨーク州の薬事

法ではPharmacologyを医薬品および薬剤の本質、調整法および効果を論ずる学問としていることを挙げた。

一方、ドイツ語のPharmakologieは医薬品学のことで、薬理学、薬物治療学および処方学を含んでおり、Pharmakodynamik（薬効学、薬力学）には医薬品の器官に及ぼす作用の学問の意味があり、日本の「薬理学」はおおよそこのドイツ語によると解説した。

アメリカ薬剤師協会の置き土産・医薬分業勧告

昭和二十四（一九四九）年九月十三日にアメリカ薬剤師協会使節団は、薬学教育、公衆衛生、専門団体、法規、薬事審議会、医薬品製造、配給、病院薬局など四十五項目から成る薬事勧告書を提示し、帰国の途についた。藤太郎はそれを見たとき、薬剤師国家試験の範囲があまりに狭く限定されており、薬剤師が必要とする知識を見る試験とは思えなかった。薬剤師に対し、医薬品およびその処理について医師の相談相手としての地位を与えるのであれば、試験範囲も、薬学および生物化学の分野にまで広げるべきである。実地試験については、薬剤師の製剤技術よりむしろ分析化学に重点を置いている。試験は常に改訂・改善すべきであり、また、薬剤師の資格は医師の投薬の相談相手として、また、公衆にとって医薬の調剤の専門家としての能力を重視する方向に持っていくのが望ましいと考えた。アメリカの薬剤師国家試験問題は薬局方が主になっており、あらゆる科目で薬局方の薬品が先行している。一方、日本の試験問題は大部分が薬局方から乖離している。事情が異なるアメリカ式の試験を行ったところで日本の薬学生が合格するのは難しいが、十年くらい実地経験のある人であれば、少し準備すればできると思った。薬剤師試験の合格証書は開局の許可免状でもあり、日常の薬局業務に即した問題にすべきで、不適切な出題は避けるのが望ましいとの考えを示した。

薬事勧告書で、薬剤師らの永年の望みである医薬分業が現実味を帯びてきた。冒頭の条項には「法律上、教育上およびその手段により医薬分業の早期実現のために可能なあらゆる努力をするべきであること、医師の仕事は診断、処方箋の発行および医薬品緊急投与に限定するべきこと、開業薬剤師の仕事は最も優秀な医薬品を確保し、適法に貯蔵し、医師の処方箋による調剤投与にあたるべきこと」を掲げていた。これが契機になってＧＨＱは、医師、歯科医師、薬剤師の総意によって作られた三志会に、医薬分業問題の解決を委ねた。しかし、妥結することはなく、厚生省に臨時診療報酬調査会、臨時医薬制度調査会を設置して医薬分業を討議することになった。

第五章
東邦大学の人気教授・トータロー先生

息子に「私は勉強、お前は店を」

六十代も半ばになった昭和二十五（一九五〇）年頃、藤太郎は長男に「私は勉強するから、お前は店をしっかりやれ」と、そろそろ薬局経営から遠のき、学問に打ち込むつもりであることを明言した。とは言っても、店を全くないがしろにしたわけではなく、タイプを打ちながらドイツ人開業医 Grauertらの処方箋の調剤を行い、客に対面して健康、病気などの相談にも気軽に乗り、指導した。

店には十名ほどの薬剤師や店員が勤め、ほかに、見習い生も来ており、全員に、実務に関したさまざまなことを教えた。厳しい中にも優しさがある教育法で、皆、三時のおやつの時間が待ち遠しかった。短い時間ではあるが、一息つけて、トータロー先生と楽しく話せる貴重なひとときであった。寿々夫人が運んだお茶を飲み、饅頭などをつまみながら「薬剤師は調剤すればよいと言うものではない。薬学全般にわたって広く勉強しないといけない」と自分に言い聞かせるように一人一人の顔を見

戦後の平安堂薬局店内（奥が藤太郎）

ながら話した。「薬局方は無論のこと、薬の歴史についても勉強しなければならない」が決まり文句だった。

三時間かけて習志野の新制東邦大学薬学部へ

帝国女子医学薬学専門学校は、昭和二十二（一九四七）年に教育基本法、学校教育法が公布されて東邦女子医学薬学専門学校と校名を変更し、薬専は昭和二十四（一九四九）年に新制東邦薬科大学として認可された。昭和二十五（一九五〇）年、学則改正により東邦医科大学（旧制）、東邦薬科大学、東邦理科大学（東邦大学理学部として認可済み）を総称して東邦大学となり、それぞれ医学部、薬学部、理学部に改称された。

専門学校が新制の東邦大学に昇格し、千葉県習志野に移転することが決まったとき、藤太郎は辞めるつもりでいた。薬局から遠すぎたからである。専門学校のときは東京の大森にあり、横浜からもそれほど遠くはなく、通勤に苦痛はなかった。しかし、習志野へは片道三時間かかる。羽田から千歳までの飛行時

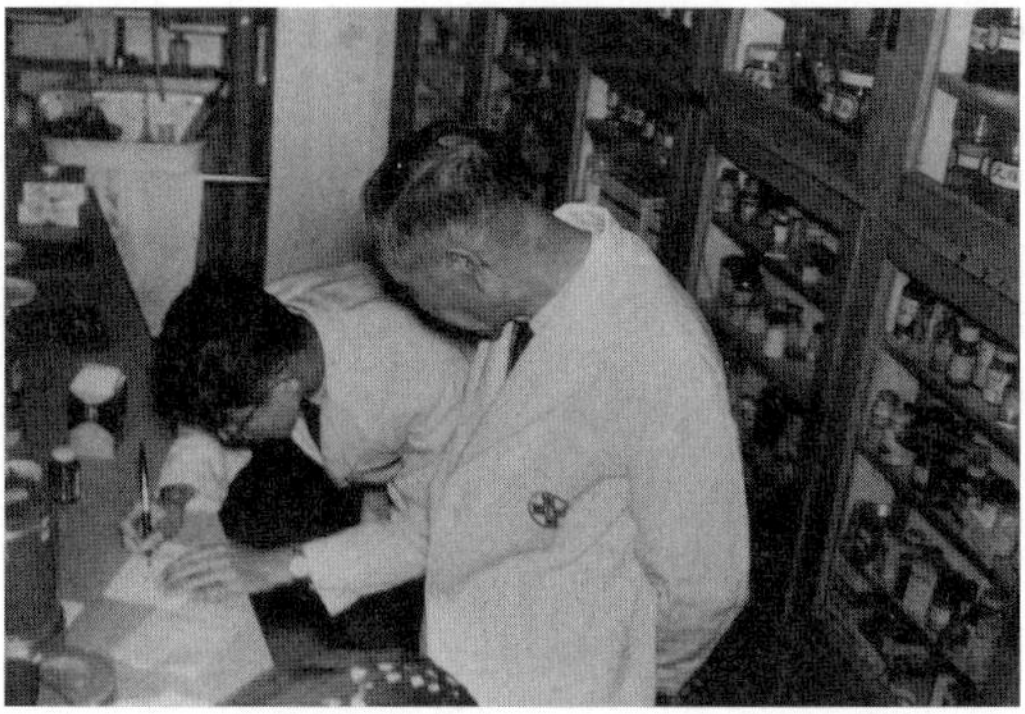

店内で薬剤師を指導する藤太郎（右）

間（当時）と同じくらいの計算になり、時間がもったいなく、いろいろロスが多いと感じたのである。

辞めると決意を固めていたときに、大学関係者が、わざわざ遠路、横浜の平安堂までやって来た。「辞めることを止めるように」と、説得され、とうとう八十三歳になるまで教授職を続ける。その後も名誉教授に就任し、八十五歳の高齢になるまで勤務した。専門学校の時代から計算すると、四十年間、教職に身を置くことになった。異例の待遇を受けたのは、専門学校から大学に昇格する際、藤太郎をはじめ多くの優れた教育者が長く勤務していた学校であったことが高く評価されたからではないかとも言われている。

大学へは、歩いて横浜桜木町（神奈川県）に出て、京浜東北線に乗り、秋葉原（東京都）で下車して、総武線に乗り換えて津田沼（千葉県）まで行き、そこから京成バスに乗り、習志野の大久保へ、というルートで通った。通勤電車で出くわすリュック姿の人たちの荷物の中身はヤミ市で買った食品や日用品が主だが、藤太郎が背負うリュックの中身は、教材として使うために講義がある前日に詰め込んだ、たくさんの蔵書であった。いつも、一冊でも多く入れようとしていたため、とにかく重かった。

次第に通勤で疲れも出るようになり、二度ほど辞意を漏らしたが、そのたびに慰留された。「明日から来なくても良いと言われれば喜んで辞めるのに」と思っていても、看板教授を大学が手放すはずもなかった。

敗戦で傷ついた学生を励ましたトータロー先生

大学は騎兵連隊の跡地にあり、構内は広かった。藤太郎はステッキを振りながらにこやかに「やあ、やあ」と声を上げ、すたすたと歩いた。若者でも追いつくのに一苦労する速さで、その姿は焼け野原を生き延びた学生らを勇気づけた。

学舎は旧陸軍の〝馬小屋〟と言われていた兵舎跡のバラックの木造階段教室で、百人余りの学生が講義を受けた。

日本に一冊しかない貴重な書物や、触ればバラバラになりそうな古文書まで、惜しげもなく廻覧させた。人なつっこい笑顔を浮かべながら、一番後ろの学生にも聞こえるような大声で、時には大きく身振り手振りを交えて話した。

リモコン式スライドプロジェクターが新しく出ると、自前でいち早く購入し、持参して、自ら作動させて講義を進めていった。人に頼むのが嫌いな質《たち》で、助手たちもそのことを心得ていた。それでも、何か手を貸せば、たとえ気に入らなくても「上等、上等」と感謝の声をかけた。

講義は何事も自らの経験をもとにしており、厳しいながらも温かみがあった。時には熱が入って教壇を踏み外しそうになり、「おっとっと」と元に戻って、学生を笑わせた。長身の体で上下にリズミカルに飛び跳ねるように動いて話すこともあった。

東邦大学で身振り手振りを交えて講義する藤太郎

黒板に書く字は小学生のときに習った習字のおかげで達筆で、読みやすいと学生にも好評だった。

漢方の授業では実証、虚証（病気に抵抗する体力が不足している状態）を説明した後、教壇の机の上に座り、仰向けに寝て、「こうして上を向いてね、お臍の脇のところが……」と洋服の上から押さえながら、漢方の診断で重要な腹診について講義した。

師弟の間柄を大切にし、昼休みや放課後も、学生や、ときどき訪ねて来る卒業生らの食事によく付き合った。「うまい、まずい」と言ったことはない。誰も行ったことがなく、どんな食事が出るかわからない店に誘われれば、「行ってみないとわからないから、一緒に食べに行こう」とどこにでもついて行った。食事をしながら人の話を聞き、また、自らも話し、本を読み、書き、考える姿はさまになっており、今で言う「ながら族」の天才であった。

藤太郎を慕って卒業生が質問を持ってやって来ると、「おやすい御用」と二つ返事で、すぐに相手が納得の行くまでとことん教えた。八十五歳まで授業を担当したほかに、漢方に興味がある学生に月一回、自由講座を開いて、安中散、五苓散、葛根湯などの薬方の解説のほか、それぞれの構成生薬について概説した。自らがかなりの回り道をして薬学の道に入ったことは時間的に大きな損失で、苦労も多かった経験から、学生にはそんな思いをさせたくなかった。

調剤学教室の教材は、戦災後、藤太郎がコツコツ集めたものを、大森から習志野まで運んだ。実習台、器材もいろいろ工夫した。大学が間に合わせに作った実習台の上の棚は材質が粗末だったので、自ら作り直すなど、細かいところまで気を配った。

教室では、ロングドレスに多少時代遅れな服装の女性助教授が、講義、調剤実習を手伝った。しかし、不器用な人で、丸薬の製剤が下手でいつまでもできないため、実習には向いていないと判断し、乳鉢を使った簡単な散剤の調剤を教える仕事を任せる程度にした。講義中に私語があると飛んで行って、鬼の形相で厳しく叱るので、学生からの評判はあまり良くなかった。黒板に書いた大切な箇所を次々に消してしまうので、藤太郎が自ら板書を消した。

助教授、講師、助手らに「こうしなさい、ああしなさい」と指図するようなことはなかった。そこには、これまで特定の師に就かず、自らテーマを見つけ研究してきた自身の人生観があった。

常に国内外の文献に目を通し、カルボキシメチルセルロースが使われ始めたときは、応用範囲が広いことを予想して、さっそく講義で取り上げた。

助手には欧文の処方箋の原文を渡して翻訳をすすめ、一週間後、書いたものに朱筆を入れて教えた。講義の内容は、学理と実際がより合わされており、学生の興味を引きつけた。始業ベルが鳴るとともに、たくさんの書籍を小脇に抱えて階段を一段飛ばしで駆け上がり、走り込むようにして講義室に現れるので、学生らが「消防自動車」というニックネームをつけた。気さくでよく笑い、大きな声で話し、日本人離れした上背のあるその雄姿に、学生たちは親しみを込め、「清水先生」ではなく「トータロー先生」と呼んで慕った。

卒業が間近な学生が進路の相談などで横浜の薬局を訪ねて来ると、「やあ、やあ」とにこやかに迎えた。その顔を見ただけで悩みがある学生の気持ちは一気に軽くなった。「じゃあ行こうか」と立ち上がり、自身はあまり飲めないが、馬車道のビアホールに連れて行った。ビールを注いでピーナッツをつまみに「世の中には表と裏があるから上手に渡るんだよ」と人生の先輩として励ますこともしばしばあった。卒業生が就職先での悩みや、結婚の相談で訪ねて来ると、学生が来たときと同じように「やあやあ、よく来た、よく来た」と迎え、馬車道のビアホールへ連れ出し、もてなした。「先生、また学生さんと一緒ですか」と店の主人によく言われた。

卒業式には必ず愛用のカメラを持ち込んだ。卒業パーティーではご馳走そっちのけで、パチパチとシャッターを切った。同じ人を二枚撮ることはなく、一人一枚を基本にした。焼き付けて全員に一枚ずつ送るためだった。戦前はモノクロ写真だったが、大学に昇格して男女共学になってからはカラーに変えた。「やっぱり女性はカラーがいいね。表情がきれいに出るよ」とご満悦だった。

雑誌『薬局』の創刊を企画、編集主幹に

昭和二十四（一九四九）年五月十五日には新薬事法による第一回の薬剤師国家試験の学説試験が、東京ほか十六か所で行われた。その二か月後の七月十八〜二十日の三日間、実地試験が東京、大阪、福岡の三か所で行われた。二十六校から二八二五人が受験し、合格率は八十一・四パーセントだった。終戦から間もない時代であり、実習を行っている薬学校はまだ少なく、調剤学の実地試験では上皿天秤の使い方さえ知らない受験生が何人も見られた。新薬事法の制定に関わった藤太郎は、今後、薬学部に新しいカリキュラムが取り入れられ、薬学教育が一段と強化されていけば、病院薬剤師、開局薬剤師にも新しい学術情報を身につける必要が出てくると感じた。そこで、新時代に応じた薬学を研鑽していくため

の薬学雑誌の刊行を思い立った。

さっそく、これまで何冊かの本を世に出したときに世話になった南山堂の河田孫一郎に相談してみたところ、「私の一存では何とも言えません」と鈴木正二社長を紹介された。薬学振興への強い思いが鈴木に伝わり、昭和二十五（一九五〇）年一月、雑誌『薬局』（*PRACTICAL PHARMACY*）が創刊された。この雑誌がもう少し早く出版されていれば、合格率ももっと高かったのではないかと悔やまれた。

雑誌の目指すところは、薬剤師の生涯教育を充実させていくことで、調剤、薬局経営などの実務教育に関する指導、啓発する内容の記事により、薬剤師業務の向上を図ることだった。読者は病院薬剤師、開局薬剤師で、日進月歩の医療の場での薬剤学のあり方、新薬・新製剤に関する知識、それらについての解説、薬務行政、海外の薬事事情、時局をめぐる論説など、幅広い内容を編集方針とした。藤太郎が編集主幹となり、コラム「平安堂閑話」では薬史学の視点から時事問題を寸言で取り上げて読者に語りかけた。編集同人に不破竜登代、野上寿、福澤寿、宮崎順一らが加わり、編集顧問に杉井義雄、畑田忠三、斉藤実が就いた。さらに客員編集人として各地の病院薬局長、各薬科大学教授ら三十五人の賛同を得ての出発だった。

薬剤師の業務の向上を目的に編集された雑誌『薬局』の創刊号

発刊の言葉は、医薬品はサルバルサン（明治四十三／一九一〇年）、インスリン（大正十一／一九二二年）、ペニシリン（昭和四／一九二九年）、スルホンアミド（昭和十／一九三五年）、ストレプトマイシン（昭和十八／一九四三年）などが次々に登場し、治療は大きく変わり、薬局薬剤師は学術の進歩に即応していく必要がある、といった内容であった。四十八ページのボリュームで、創刊号から実際薬学、新薬室、経営、薬学英語、海外ニュース、国家試験、世界の薬学、史伝、質疑応答、薬品価格表、生薬価格表、会報の案内、各地の便りなどの欄を設け、約二十名の署名入り記事を掲載した。執筆者には当時、第一線で活躍する薬学者らが名を連ねた。価格は五十円だった。薬剤師向けのものとしては、『日本薬剤師会雑誌』以外にこれといった雑誌がなかったこともあり、創刊号は予想の三千部をはるかに超えて五千部が売り切れとなり、第三刷まで増刷した。第二号も増刷になるほど売れ、毎月一万部以上の販売部数になった。

藤太郎は創刊号から毎号、「欧米処方箋解答」を連載した。四十代の頃、購読していたアメリカの雑誌“*Practical Druggist*”に処方箋を解読するコーナーがあって、毎号、その解答を書いて送り、一か月遅れでその内容が掲載されていたのをヒントにした。この連載は、十年間続いた。『薬局』は年々充実した内容になり、ページ数も増え、価格も少しずつ上がっていった。昭和三十五（一九六〇）年には百ページになり、価格は百円に、昭和四十五（一九七〇）年には百五十ページ三百円、昭和四十九（一九七四）年には百五十ページ以上になり、価格も一冊五百円となった。

薬学史の研究で、東京大学から薬学博士の学位を授与

藤太郎には、若い頃から「歴史は過去の諸現象を論じ、反省し、将来の問題を解決する鍵になる」との思いがあった。その信念のもと、永年にわたって薬学史の研究を進め、ある程度の方向性が見えてきたことから、論文としてまとめることにした。

執筆するに当たって、多くの史実から疾病治療に用いた薬物に関する諸現象を抽出し、整理、批判して、民族の発展にどのような役割を果たしてきたかを明確にすることに主眼を置くことにした。さらに、医療に使う薬物の変遷、発達を詳述し、その因果関係を明らかにして、同時にその生産、取引、消費の経路、人々の精神的・物質的活動、純良な医薬品を生産して不純な医薬品を排除するために行われたことなどを論述した。

薬学史は医学史、博物学史、理化学史のほか、経済史、商業史、交通史、貿易史、食物史、工業史、風俗史、美術史、語学史とも深い関係があるという考えが基本になっている。そのためには日本で使われたそれぞれの薬物の来歴を精査することのほかに、中国の古代語から朝鮮語、ヒンディー語、ペルシャ語、ラテン語、ギリシャ語、フランス語、英語、ドイツ語などに熟達する必要がある、非常に難しい研究であった。それだけに、不幸にも日本では進まないのを憂いた。

研究成果を『日本薬学史』としてまとめ、東京大学に学位申請した。しかし、この論文を審査する適当な教授がいないという理由で最初は断られた。薬学の道に入る発端となった仙台医学専門学校、現在

の東北大学に提出してはどうかとの助言もあったが、藤太郎は、明治期に日本の学問をリードしていった旧東京帝国大学からの評価を望んだ。論文に対するそれだけの自信もあった。

その後、朝比奈泰彦教授の指導のもと、緒方富雄教授を主査に、落合英二、柴田承桂、秋谷七郎、菅沢重彦らの教授が副査となり、審査が行われた。昭和二十五（一九五〇）年十二月二十五日に論文が通過し、その翌年の三月七日、薬学博士の学位が授与された。これまでの政府、支配階級が行ってきたことを年代的に記録し羅列するだけにとどまらず、経済的な業としての薬業の発達に論及したことが高く評価されたのである。その一か月ほど後の四月二十九日には藍綬褒章も授与され、最高の年となった。

さらに、昭和二十七（一九五二）年十月十八日にはオランダから一通の書状が届いた。ハーグにある国際薬史学アカデミーの委員会が、薬学の歴史に最もよく精通し、最も功に値する人として会員に推挙する、という内容だった。こうして、薬史学者〝トータロー・シミズ〟の名は、国内はもとより海外にも広まっていったのである。

国際薬史学アカデミーより贈られたメダル（右）と，それを身に着けた藤太郎（左）

第六章

まず薬局へおいでなさい

処方箋交付を義務づけた厚生省

昭和二十六（一九五一）年、藤太郎には一つ、気がかりなことがあった。医薬分業の政治的な動向である。その前年の八月、厚生省に「臨時診療報酬調査会」および「臨時医薬制度調査会」が設置され、医薬の専門家以外に第三者を加えて医薬分業問題について討議されていた。「臨時診療報酬調査会」は審議に時間がかかり、回を重ねること十三回目に、「臨時医薬制度調査会」は六回目に、それぞれ答申書を出した。それをもとに厚生省は、昭和二十六（一九五一）年三月二十四日、第十回国会に「医師の処方箋発行を義務づけ、薬剤師が処方箋により調剤する」ことなどを盛り込んだ「医師法、歯科医師法、および薬事法の一部を改正する法律案」を提出した。三月三十日には衆議院厚生委員会に上程され、修正が加えられた後、六月一日に可決。翌二日の本会議で成立し、昭和三十（一九五五）年一月一日から法的に医薬分業が実施されることになった。法案の成立後、医師、歯科医師が自ら調剤できるのは、診療上、必要と認められた場合や、薬局の普及が十分でない地域に限定し、これらの場合は厚生省の審議会を経て厚生省令で定めることになった。省令を制定する際の厚生省の諮問機関として、医薬関係審議会設置法が第十九回国会に提出され、可決成立する。

一連の政治の動きを見ていた藤太郎は、「医薬分業も今度はなんとか目鼻がつくであろう。しかし、分業になったからといって、どこの薬局にも処方箋が次々と舞い込んでくるなどと考えたら大間違いだ。規模が大きく、どんな医薬品もそろっている、評判のいい、きれいな、常に薬剤師がいる薬局が選ばれる。いつ行っても薬剤師が不在で、赤ん坊をおんぶした女将さんが店頭で仕切るような薬局は駄目だ。薬剤師は万難を排して店に常駐することが肝要」と言っている。ただ、今の薬局には内科医から処方箋が交付されることは非常に少なく、医薬分業をあてにして二万軒の薬局のすべてが医薬品を常備したら、莫大な金を必要とする。しかも医薬品は他の商品と異なり、数か月または数年経てば変敗して廃棄しなければならなくなる。何年先に分業になるかわからないのに、今の薬局に急いで薬品を備蓄させることは国家にとって大きな無駄になる、と感じていた。国家が薬局の完備を望むなら、任意の分業ではなく、諸外国のように期日を決めて法律に基づいた強制的な分業を行っていくのが筋である、と国のやり方を批判した。

　昭和二十九（一九五四）年に入ると、翌年一月一日の医薬分業の実施を控えて、医師側の医薬分業に対する動きが激しくなってきた。十一月二十五日に全国医師会大会を開いて、強制医薬分業に反対の態度を表明した。薬剤師側は出遅れ、四日後の二十九日に全国薬剤師大会を開き、医薬分業の完全実施を決議するなど、医師と薬剤師の対立が激化していった。一方、国会では医薬分業延期法案が参議院厚生委員会で継続審議されていた。昭和三十（一九五五）年七月、第二十二回国会で議員立法により強制医薬分業を事実上全く失わせる改正法律案が提出され、可決される。

　それ以来、藤太郎は雑誌『薬局』のコラム「平安堂閑話」で次々に医薬分業に関する論説を執筆していった。「分業法案が延期になったのは政治の貧困、分業を評価できる大衆の支持がないからだ。現在の政治は大衆に迎合しており、したがって、大衆が理解、支持していない分業は絶対に実施されることはない」とまで言い切った。さらに、問題は「医師が薬局を所有していることで」あり、「欧州が完全分業であるのは、医師が薬局を所有することはもちろん、医師が薬局を経営することも、薬局と協定を結んでリベートを授受することも禁じており、さらに欧州では病院が薬局を所有するには特別の許可がいる」ためであると、日本との大きな違いを指摘している。

新しく鶴見祐輔厚生大臣が就任すると、「どれだけ分業の本質を理解しているか」と疑いの目で見ている。医薬分業とは、従来は医師が独占していた薬代の一部が薬局に行くことであり、医療費に一定の枠がある以上、医師の収入が減ることである。これを防ぐには、医師の投薬には間違いもあり、収入のために不正な請求もありうることを国民が知ることと、大物の為政者を選ぶべきであることを強調する。そして、ドイツの宰相・ビスマルクは医師の横暴を弾圧することに成功した政治家であると評価し、それに対し、医師の機嫌ばかりをうかがう日本の政治では医薬分業は行われそうにないと先行きを手厳しく見ていた。また、「薬界を代表する議員が八面六臂で懸河の弁をふるっても、医界の勢力と金力に同調して分業の真相を知ろうとしない議員には馬耳東風である。多数決でただちに押しやられるであろうことは、火を見るより明らかだ」と薬剤師側の政治力の弱さを嘆いた。

それを解消するには「一般大衆の共鳴を得ることで、そのためには薬剤師は良き市民でなければならない。良い夫で良い妻で良い父で良い母で良い兄弟で良い隣人でなければならない」とも言った。文化人として一般科学や芸術、音楽、演劇などを多少たしなみ、知識も持ち、薬に対して大衆の良き相談相手になるよう心がけることを求め、薬局はただ単に物品販売所ではない、と苦言を呈した。

さらに、「今回の分業は決して本当の分業ではないことを薬剤師は銘記すべきである。多くの除外事項がある。患者が希望すれば医師が調剤しても良いという骨抜きである。本来、医薬分業とは、医師が薬室を持つことや、薬局と経営を共同で行うことを法律で禁じることである。それを、医院の薬室や薬局をそのままにして処方箋を外に出せと言うのだから、医師が馬鹿正直でない限り、実現は困難である」、「大衆が医薬分業により良質な薬を投与され、無駄に薬が使われなくなり、薬価が安くて済むということを理解すれば、昔のように医師から薬をもらおうと思う人は少なくなるだろう」と見ていた。

「まず薬局へおいでなさい」をスローガンに

医薬分業が延期されたその対策として、藤太郎は次のようなことを「平安堂閑話」に書き連ねた。「国会や政府当局に対する分業運動はやめて、薬局業務を学術的に向上させる。分業は経済的にも治療効果の面からも有益であることを、国民に喧伝する。薬品原価に損失が出るような薬価計算法を改め、中小薬局も積極的に健康保険調剤を引き受けること。このうち一つでも欠ければ、分業は成功しない」。

医薬分業の本質が理解されなければ実施されることはないと考え、日本薬剤師会の分業対策に疑問を投げ掛けた。「医師が薬を多く使用すればするほど収入が多く得られる今の健康保険制度では、薬がますます乱用されるおそれがある。これを防ぐには結局は医薬分業を、実施するしかない。薬剤師は医薬分業の基本理念を理解し、多くの真の理解者が得られなければ分業は実施できない」と指摘した。

さらに、日本薬剤師会が三年以内に分業を達成するため、会内に医薬分業実施対策本部を組織したことにも言及している。「何を根拠にして三年としたのか。どんなに巧妙に運動しても今の事情では十年、二十年の間には医薬分業は決して実施されることはない。医師会という強力な反対者がいることを無視してはならない。医師会、ことに内科医が自発的に処方箋を交付するとは当分考えられない」と断言している。明治四十（一九〇七）年から薬剤師会の医薬分業運動の推移を実際に見てきた上に、薬史学者としての目から出た結論でもある。薬剤師らによる分業運動が稚拙であり、今もって国会運動が第一義と考えている者が薬剤師会内に多いことを慨嘆し、この運動はどんなに巧妙にやってもたかだか三年や五年では薬剤師が満足するような分業にはならないと見ていた。昭和二十六（一九五一）年六月、医師法が改正されたが、第二十二条には多くの但し書きがあり、その一項でも削除しようとすれば医師会の大反対に遭う。しかし、「薬剤師から資金を集めて代議士に献金し、同情を得て国会で争ってもらってもとうてい勝ち目はなく、金をどぶに捨てるようなものである」と手厳しい。

分業が進まないのは、医師会の力のほかに江戸時代から続いてきた「薬は医者からもらうもの」といった国民的な慣習にも問題があり、「それを変えるには、薬剤師が民衆の信頼を得ることだ」とアメリカの例を挙げて説明している。

「アメリカは法的には強制分業ではないが、実質的には医薬分業が行われており、年間八億枚以上の処方箋が発行されている。アメリカ薬剤師会は早くから 'Try the Drugstore First' （まず薬局へおいでなさい）といったスローガンを掲げて大衆に宣伝している。十月の一週間を薬局週間として、'this week and every week your pharmacist works for better community health' （あなたの街の薬剤師は、いつでも地域の健康のために働いています）といった宣伝文句のポスターを各薬局に配布している。薬局がいかに重要な施設であるかを大衆に理解させて、分業に持ち込んだ。そのために二十〜三十年の年数がかかった」と、分業を実施するにはかなりの年数がかかることを示唆している。

藤太郎が十年来言ってきたことがある。「分業を進めるには薬剤師は『薬の御用は薬局に』、『病気の場合はまず薬局においでください』、『薬局はあなたの病気のために良い薬を知らせます。良い医師を紹介します』を標語に掲げて一般の人たちに宣伝する。そして処方箋を出す医師を紹介し、薬は薬局で買うもので医師から買うのは変則であることを知ってもらわなければ、分業の端緒にもありつけない」。

また、「薬局は、咳がある人には鎮咳薬を売る職業である。薬は一々医師の診断によらなくても既製品で有効なことが多く、症状が改善しないときに初めて医師の診断を仰ぐべきである。既製品は国が薬局方を公布して、その規準を示し、審議の上で許可されており、価格も公開されている」と、一般薬の品質や有用性は確保されており、薬剤師は相談に来た客に対し、薬の適正な使用方法を説明するのが責務であることを強調している。

日本薬史学会の創設

医薬分業が薬剤師、医薬関係者らの関心の的になっていた昭和二十九（一九五四）年十月二十五日、百四十人の薬学者の賛同のもと、日本薬史学会を創立することが決まり、藤太郎は幹事の一人としてその運営に携わる。

発足式は東京大学講堂で行われ、初代会長に就任した東京大学教授・朝比奈泰彦が正倉院薬物調査の概観について、藤太郎が薬局業の変遷について講演した。例会は、東京薬科大学女子部、薬事日報社、日本大学薬学科などで毎月一回開かれた。そのうちに研究した成果をペーパーに残す必要性を感じるようになり、昭和四十一（一九六六）年には『薬史学雑誌』の刊行を決心する。しかし、図版の作成などに費用がかかる割には会員が少なく、会費収入のみで発行するのは厳しかった。藤太郎は、外国の薬史学会がスポンサーを募って何とか発行しているのを知り、自らも毎号半ページの「平安堂薬局」の広告を出して資金的に援助した。そこまで協力したのには、自らの強い歴史観があった。

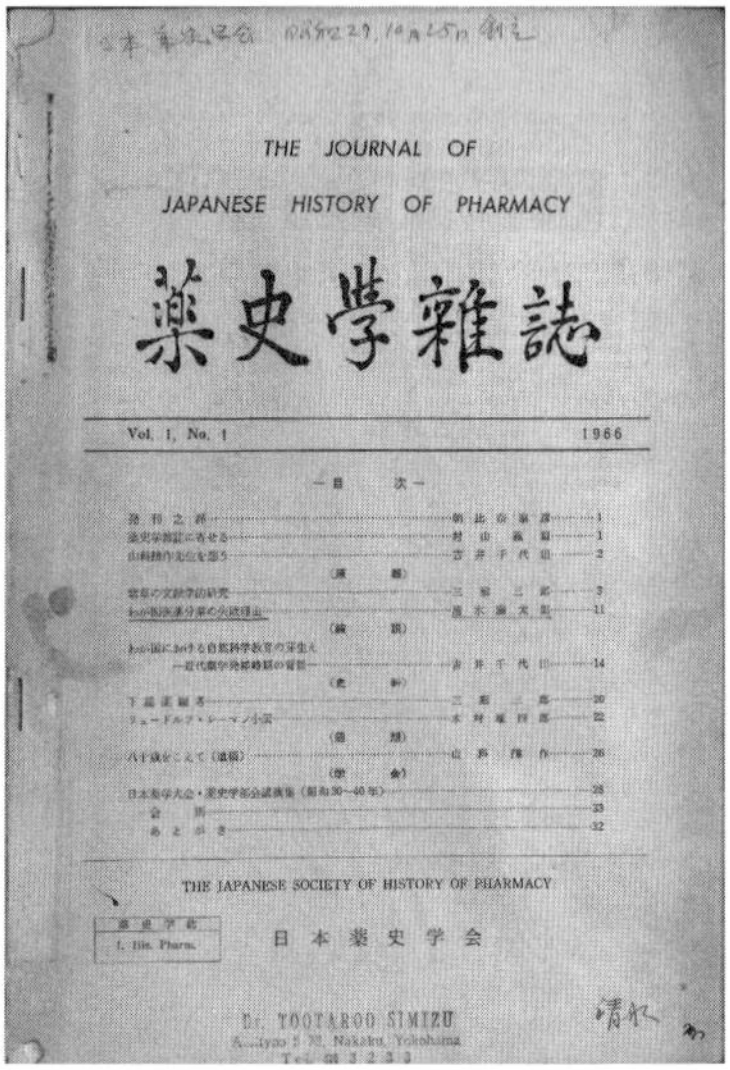

『薬史学雑誌』創刊号

「過去の事実に無知では現代の仕事は手探りとなり、過去の失敗を繰り返すことになる。歴史は過去によって現在を知り、将来を正しく予想する鍵となる。たとえばクロロマイセチン、ストレプトマイシン、オーレオマイシンの創薬は、ペニシリンの発見によってカビの研究が盛んになったのがきっかけで、世界中のカビを集めた成果によるものである。過去の実績をもとに初めて実現できた好例である」との考えを持っていた。また、薬学は最も古く最も重要な学問の一つであり、医学は薬物の応用の上に成り立っており、薬学から分化した学問であるのに、中世時代にそれが逆転し、「ひさしを貸して母屋をとられたようなものである」と分析している。

薬史学の研究の目的は、疾病治療に関する資料を抽出して整理し、その変遷と発展を叙述し、その因果関係を明らかにすることである。それには、薬物の生産、取引、使用、消費などに従事した人たちの物質的・精神的活動を明らかにして批判を加えることだ、と考えた。研究の範囲も医学、理化学、生物学はもとより、法制、経済、商業、交通、貿易、植物、農業、工業、風俗、美術、語学などの歴史まで多岐にわたる。このような幅の広い学問の研究は、一朝一夕に小人数でできるものではなく、多くの研究者の参加が必要である。日本薬史学会に若い研究者が参加するようになれば、画期的な成果が出てくるのではないか、と期待を込めた。

新装なった平安堂薬局に、オーストラリア薬剤師会幹部が来局

昭和三十（一九五五）年、占領軍のカマボコ兵舎が建てられていた馬車道一帯の土地が返還され、教会が建っていた平安堂の百坪の土地も戻ってきた。長男の不二夫は太田町の地主の間を奔走して、太田町から相生町の馬車道に接したところに共同で馬車道商栄ビルを建設した。十二月に落成したので、金沢区の家を売り払って、翌年の一月十五日に薬局を再開した。

商栄ビルは、一階が平安堂薬局のほかに貸店舗が二軒、二階は貸事務所が三軒、三階と四階はそれぞれアパートが四軒の規模である。藤太郎は二階の十五坪を書斎・書庫に使った。新装なった平安堂は、

近隣に七軒の写真店ができたので、それまで扱っていた写真材料の販売をやめた。写真部の出入口があった角地には漢方薬局、保険薬局、平安堂薬局の看板を掲げ、ショーウィンドーも備えた。

戦災で多くのものを失ったが、救いは何年もかけて集め、薬剤師会館に分散して保管しておいた蔵書が焼失を免れたことである。

引越しで家財道具などを新築の建物に搬入しているとき、通りがかる人が口々に「ここは古本屋になるんだ」と話しているのを、藤太郎は笑って見送った。家財道具の何倍もある蔵書を運び込んでいれば、誰の目にもそう見えるのは不思議ではなかった。トラック二台分はたっぷりあった。

引越しを手伝ってくれた店員たちは、蔵書が「ワンボックス」に入っていたので運びやすかった。この本箱は生活の知恵から藤太郎が考え出した手作りのものだ。縦二十五センチ、奥行き二十センチ、横八十センチほどの木箱で、両脇には手が入る穴があり、両手を入れれば一人で軽々と持ち上げられる。部屋に運んで積み重ねれば本棚になった。若い頃に大工

昭和 30 年，新築直後の平安堂薬局

にされかけたこともあるほど手先が器用だった藤太郎ならではの発想である。

薬局の新築、引越しの準備と忙しい昭和三十（一九五五）年十二月には、「正倉院薬物の史的および商品学的考察」の項を分担執筆した、朝比奈泰彦編『正倉院薬物』の豪華本が、植物文献刊行会から出版され、送られてきた。この新刊本も、さっそくこれまで執筆してきた何冊もの本がひとまとめにしてある棚に並べた。

昭和三十一（一九五六）年春、新しくなった平安堂薬局で掃除をしていた店員が、「先生、先生」と二階の書斎にいた藤太郎を呼びに来た。「急いでどうしたのかね」と聞くと、「外国人のお客さんです。会話ができないのでよろしくお願いします」と言う。階段を降りて店に出て行くと、中年の外国人の男女が並んで立っていた。店の構えが欧米の薬局に似てきれいだから入ってみたのだと言う。

鎮痛剤を購入したので説明を始めようとすると、「私は薬剤師だからわかっています」と笑って答えた。名刺を差し出し、オーストラリア・メルボルンで四つの薬局を経営し、ビクトリア州薬剤師会の副会長を務めるG. H. Williamsであると名乗った。書斎に二人を招き入れ、店員にコーヒーを持って来させる間に、これまで収集してきた海外の書籍を見てもらうことにした。書棚からオーストラリア

藤太郎が考案した木箱。これを横にして積み上げれば本棚になった。

の処方集である"*Australian and New Zealand Pharm Formulary*"（*A. P. F*）（一九三四）を取り出すと、それを手に取ったWilliamsが、「私はこの本の編集委員の一人です。これはもう古いですよ。新しいのを送ります」とポケットから手帳を取り出して平安堂の住所をメモした。藤太郎は「サンキュウ」を連発し、握手を求めた。同伴の婦人がしきりに時計に目をやるのを見たWilliamsは、次の用があると言って二十分そこそこで部屋を後にした。

翌日、Williamsが「ドクター・シミズ」と声をかけながら、店に入ってきた。店員が、「先生、昨日の外国人が、また見えましたよ」と二階の書斎に上がってきた。降りて行くと、Williamsの横に、同年配の男性が立っており、オーストラリアのスタンソープで薬局を経営している薬剤師のDougallであると紹介された。昨日、一緒だった婦人の夫だったことを知らされる。ちょうどそのとき、藤太郎の義弟の萬寿美と長男の不二夫、二男の正夫が店にいたので紹介すると、Dougallが「これで薬剤師が六人集まったことになる」と愉快そうに笑った。

二人がしきりに「明日、スガザワという日本人とタキヤのチンザンソウでテンプラを食べる」と楽しそうに話すが、何のことだかわからない。どうもオーストラリアでは東京を"Tokio"と書き、「タキヤ」と発音するらしい。十か月後に約束どおりWilliamsから*A.P.F*に『オーストラリア薬学雑誌』が同封され、送られてきた。B五判千五百ページの大冊で、その六八二ページに'Pharmacy in Japan'の見出しでWilliamsが日本薬剤師協会からの依頼でオーストラリアの医療制度三十五か条の質問書の全文を翻訳し、執筆した薬学記事が掲載されていた。質問書に答えるのに六か月かかったと書かれ、東京の椿山荘で東京大学の菅沢教授、日本薬剤師協会の谷岡らと撮った写真が挿入されていた。「スガザワ」

と言っていたのは東京大学教授・菅沢重彦であることが、この本を見てわかった。

再び起きた薬の乱売

医薬分業が延期され、処方箋が交付されることはほとんどないため、多くの薬局はこれまでのように一般薬、雑貨、化粧品の販売で生計を立てざるをえなかった。その頃から、戦前にも見られた薬局の薬の乱売合戦が再び起きて深刻な問題になった。新聞もこぞってその様子を報道した。管理薬剤師さえいれば素人でも薬局を開設できるのが大きな原因であった。

薬剤師ではない薬局経営者には職業的な倫理意識がないことが多く、悪い意味での商人根性の現れでもあった。藤太郎は新聞を読みながら、「このような薬局が多くなれば、薬剤師の良識と経験により、国民が薬を正確に服用し、誤用を防ぐ、という普通のサービスも失われる」とため息をついた。薬局の乱売は特に関西方面で激しかった。

昭和三十四（一九五九）年四月七〜十日の間、大阪で日本薬学会第七十九回年会が開かれ、藤太郎も参加した。学会の合間を見て、大阪平野町から神戸まで足を延ばして薬局を見て回った。ある程度予想はしていたが、その乱売のすさまじさに驚いた。店頭に三割引、四割引と大書したのぼりが立てかけてある。店内に入ると一面に〝赤ふんどし〟と呼ばれる赤い枠のビラが数十枚、店によっては百枚近く、天井からぶら下げてあった。ビラには商品名の横に千円引き、七百円引きなどと、価格に赤字で棒引きがしてあった。

藤太郎はそれを見て、これでは瀬戸物屋のせり売りと同じだと思った。店員が普通の薬局のように客の一人一人から用件を聞いて薬を出しているところもあれば、客が立て込んでいる店では、何も聞かず、ただ薬を出すだけだった。総木製の高く長いカウンターのような売り台の後ろに数人の店員が座り、客

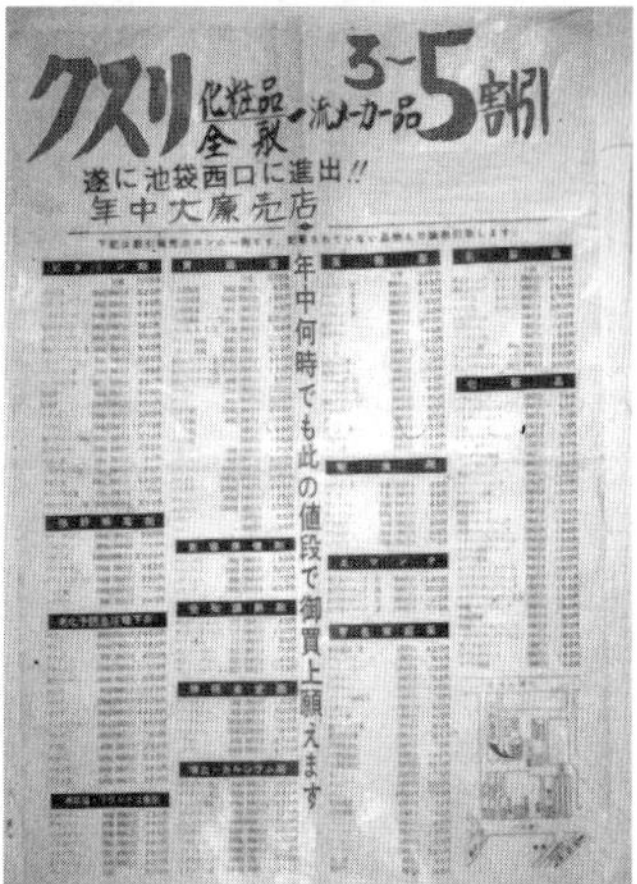

“赤ふんどし”と呼ばれる赤い枠のビラをぶら下げた薬局（上）と，薬局が配布した安売りチラシ（下）

は注文した薬品名、個数を書いた伝票を持って売り台の真ん中辺りに行き、金と引き替えに薬を受け取る。店員は天井から太いゴム糸でぶら下がっている紙幣、小銭が入ったザルを引き寄せて、釣り銭を出す。十分、二十分待つのは当たり前で、客もそれを納得済みだった。

藤太郎はそのうちの一軒の店の経営者に無理を言って、時間を作ってもらい、話を聞いた。五十代くらいの人が顔を出し、「この値段では経費を考えると、普通の五倍以上を売り上げないと経営が成り立たない」と苦しい胸の内を語った。帰り際には、「まだ潰れたところはないが、そのうち出てきますよ」と乱売の影響が出ることもほのめかした。学会が終わり横浜に帰った藤太郎は、さっそく二階の書斎の机に向かって万年筆を握り、「平安堂閑話」に乱売について書いた。

「乱売矯正は小売の団体では不可能に近い。卸と小売だけでも駄目で、どうしても製造、卸、小売の三者が協議した上で、一品・一品目ごとに客にも業者にも無理のない価格を定めなければならない。小売のマージンは以前は世界的に三十三・二パーセントと言われていたが、最近では四十パーセントになっている。特に日本は税金の関係で、どうしても四十パーセントないと経営は成り立たない。乱売屋はオトリ（安い価格で客を寄せつける）商品以外の品で悪辣な収入を得ているので、この価格でも利がありすぎると言うが、全品同じことをすれば経営は絶対に成り立たない。最近の薬局の乱売を見ていると、化粧品三割引きなどと堂々と広告している。これでは原価を割っており、商品供給の末端の最も骨の折れる役割を、無報酬どころか、損をして売っている。乱売対策は小売店だけの連合では防ぐことはできず、強い者が勝つことになる。卸にも競争があり、統制をするのは困難で、卸屋の違反に対し、メーカーが供給を断つ仕組みを作らなければ、全く抑えられない。日本の現状では、英国の専売薬品協会やフランスのメーカーの販売組合のような自治的統制は不可能とまでは言わないが、公正取引法のようなものを立法化する必要がある。」

「薬局経営者が生きるためには、（医薬品だけでなく）雑貨、化粧品も販売する必要がある。業界の発展は全体の資本力を大きくすることだ」との考えのもと、戦前から行ってきた医薬品、雑貨の共同仕入れは間違っていなかったと、改めて自信を持った。

終章

「道楽は薬、楽しみは薬」の人生

七十歳を過ぎても衰えぬ執筆意欲

年齢を重ねていく中、七十歳を過ぎても研究、執筆意欲は衰えなかった。店にいるより書斎にいることの方が多くなった。店の仕事を終えると、本を小脇に抱えて、二階にある、書庫と書斎を併設した部屋に閉じこもった。洋書や国内の学術書を読み、薬局方、薬史学などの研究に没頭した。書庫の壁は、引越しのとき持って来たトラック二台分の本で埋め尽くされていた。蔵書には歴史書、医薬分業関連の本、漢方書、本草書、辞典類のほか、欧米諸国の薬局方から日本の初版の薬局方、調剤に関する洋書などのほか、古典の貴重な書籍も少なくなかった。大学の教授室を思わせるようなこの部屋が、藤太郎の生活の拠点でもあった。

昭和三十二（一九五七）年二月には、日本学術振興会から、共著で『明治前日本薬物学史』第一巻を刊行した。担当委員の朝比奈泰彦は序で、「昭和二十七年になって新たに日本学士院で明治前日本科学史を刊行することが決まり、

70歳を過ぎても書斎で執筆する藤太郎

日本数学史、日本医学史、日本土木史に続いて、ここに赤松・清水両委員の執筆した分を日本薬物学史第一巻として刊行できた。引き続いて岡西・高橋両委員が執筆した分も刊行されるはずである。執筆者諸君の努力の発表が十数年停滞したことは真に遺憾であったが、幸いにも刊行されたことは、欣喜に絶えない次第である」と厳しい状況の中で長い年月をかけて出版にこぎつけたことを吐露している。

藤太郎が分担したのは「薬物需給史」で、終戦のときに書き上げていた初稿を多少修正し、薬物の時代相、家庭薬、方剤、薬効論の変遷、薬学の発展などを三五二ページにわたって執筆した。九月には『現代医薬品事典―日本薬局方・国民医薬品集―』を刊行した。

昭和三十六（一九六一）年頃、書斎には入れ替わり人がよく訪ねてきた。ある日、『日本薬学会製薬工業発達史』の編纂委員の吉井千代田が、原稿を書くのに必要な資料を借りに来た。同じ委員会に属しており、旧知の仲である。夜遅くまで論議に華を咲かせた。

局方七十五周年の式典を間近に控えた日には、厚生省で局方を担当していた伊藤和洋技官が訪ねて来た。式典の会場で局方を展示するため、藤太郎の蔵書を借りに来たのである。伊藤は図書館に来たような気持ちで資料を探していった。藤太郎が執筆した『日本薬学史』、『清水調剤学』、『薬学ラテン語』、『薬局経営学』、『本草辞典』、『清水『注解日本薬局方』、『漢方診療の実際』、『植物学名辞典』、『神奈川薬方』などは、ひとまとめにして、ずらりと並

書庫の壁を覆う膨大な数の蔵書

べてある。伊藤はあまりの多さに圧倒されながら、求める書籍がどこにあるかしばしば質問した。藤太郎はどの本がどの棚にあり、調べている内容がどの本の何ページに書いてあるかまでよく把握していた。指示どおりに本を探しあて、ページをめくると、間違いなく求めていた内容が書いてあり、ただ驚くばかりだった。

伊藤は、局方の式典では藤太郎のほか、近藤平三郎、朝比奈泰彦、緒方章、刈米達夫の五人が局方功労者として表彰されることも伝えた。ただし、朝比奈、近藤は高齢で出席できないと言う。「先生、代表して答辞をお願いします」と頼まれると、「いや、いや、ほかに適任者がおられるのでは」と拒んだが、まんざらでもない様子だった。

表彰されるのはほとんどが東京帝国大学薬学科の出身者である。藤太郎は異例であった。それだけ局方について日本を代表する研究者になっていたのである。五十周年のとき局方史を一人で書き、昭和三十六（一九六一）年十一月には『日本薬局方七十五年史』にも執筆したことを思うと感無量であった。願わくば百年史の式典でも表彰されたいと欲も出たが、

『日本薬局方』初版およびラテン語訳版

年齢的に無理なことはわかっていた。その胸中を関係者が察していたのか、没後十年の昭和六十一（一九八六）年、日本薬学会は、「日本薬局方創設百年・清水藤太郎生誕百年記念会」をパシフィコ横浜で開催した。

夏の暑いときも仕事の合間を縫って部屋に閉じこもり、机の下に水桶を置いて、ズボンの裾をまくり上げてどっぷり足をつけ、本のページをめくった。店員が用事があって部屋に入って来ると、開口一番、「君、いいもんだよ。暑いときにはこれに限るよ」とご満悦だった。書斎は応接間を兼用し、人が来ると自らお茶をいれ、お盆で運んで談笑する。大きな笑い声が部屋の外にも聞こえることがよくあった。とにかく本が好きで、老若を問わず薬学をともにする人たちが好きだった。

ある会合で、あまり飲めない酒を口にしてほろ酔い気分になり、同席した人に家の近くまで送られて帰る途中、本屋に入り、手当たり次第に本を買ったことがあった。一緒だった人は、学者とはこのようなものかと驚いたと言う。地方に行けば、まず古本屋を探して入った。手に入りにくい洋書は店に来る外国人客に頼み、海外に本を注文するときは、そのとき薬を売って得たドル紙幣を

書斎を訪れた厚生省の伊藤和洋技官と局方について話し合う藤太郎

使った。しかし一方で、欲しい本を見つけると、勝手にレジを開けて現金を持ち出し、本屋へと消えるので、妻は苦労が絶えなかった。しかし、「何でも好きなようにさせているのが内助の功よ」と言ってのける心意気で、薬局の店主にして薬学者の藤太郎を陰で助けた。

出張や東京での会議などには、必ずナイロン製の黒っぽい手提げカバンに、洋書、資料をはち切れんばかりに入れて出かけた。予定の時間より早く着けば、カバンから赤鉛筆とゲラ刷りを取り出し、校正作業を行った。五分でも十分でも時間があれば、いつも本を開いていた。洋書の文章の中に興味深いところがあると、同席した人たちに「これを見せてあげよう。いいことが書いてあるよ。ウンウン」と指で示しながら顔をほころばせて、学問の押し売りもした。

カバンにしのばせていた資料で誰もが驚いたのが、世界の歴史の始まり、日本、中国、西洋の年号の後に細かい字で出来事を書き加えたオリジナルの年表である。外出先から帰ると靴を脱ぐのももどかしく、履いたまま机に向かった。木製の外装の箱は、資料を取り出すのに時間がかかり無駄なため、すべて取り外してあった。無駄なものは用いない主義で、文章を書くときも形容詞は最低限しか使わなかった。いつも自分のことは忘れ、学界のため斯界のために尽力した。

昭和三十七（一九六二）年五月には『日本薬局方ハンドブック―第七改正日本薬局方第一部、第二部―』を、翌年には廣川書店社長の好意で、昭和二十（一九四五）年の満州国崩壊とともに日の目を見なかった『漢薬典』を平安堂薬局刊として刊行した。

再びゲールツ研究を始める

秋の気配が感じられ、朝晩はしのぎやすくなった昭和四十（一九六五）年八月三十日。七十九歳のときのことである。店員が持って来た毎日新聞の朝刊を読んでいるとき、普段は見ることのない広告欄に目が吸い寄せられた。「私と駿河銀行」という広告に「E. H. ゲールッ Elizabeth Haru Geerts」との署名があった。さっそく、広告主に問い合わせると、八十七歳になったゲールツの四女が箱根仙石原温泉荘に健在であるのがわかった。薬史学会の人たちに声をかけて、九月十一日に昔話を聞きに行くことにした。Elizabeth Haru Geerts は日本名を春子と言い、五歳のときに父を亡くし、日本の衛生行政の最高責任者であった長与専斎を後見人に華族女学校に入り、次いでフランス人の経営する学校に入学して英語、フランス語を学んだ。二十歳のときから七年間、インドネシアのバタヴィア美術館に勤めた。

その後、スイス・ローザンヌに渡り、三年間、看護婦学校で学び、ヨーロッパ各地の病院で働いた。昭和の初め、五十歳を過ぎて、姉を頼って帰国し、母親の山口きわと再会したという。昭和七（一九三二）年頃から箱根に住み、戦時中から横浜のアメリカ赤十字社、オランダ大使館のハウスキーパーとなり、アメリカにいる姪の仕送りで生活していたようだった。幼児期に父親と離別し、苦労した生涯を送ってきたことを知り、藤太郎は〝人生〟について考えさせられた。そして、子女に会ったことに触発され、戦時中に中断していたゲールツの研究を再び始めることにした。

国立衛生試験所のゲールツ顕彰碑除幕式で、紅白の紐を引く

一連の研究が認められて、昭和四十九（一九七四）年五月十八日、国立衛生試験所創立百周年式典記念行事のゲールツ顕彰碑除幕式に招かれた。長与専斎の玄孫である四歳の長与華子と二人で紅白の紐を同時に引いた。臨席の常陸宮同妃両殿下はじめ会場から一斉に盛んな拍手が起こり、藤太郎も思わず歓声を上げげて、晴れやかな笑顔を見せた。八十八歳になっており、孫に付き添われ、病をおしての出席で、「これが公式行事に出席する最後」と漏らした一言に、会場にいた人たちは人生の哀歓を感じていた。

それを察して神奈川県薬剤師会は、長男・不二夫が会長のとき、ゲールツの命日に当たる昭和四十九（一九七四）年八月三十日に墓参と追悼会を開催。以来、毎年この日に行っており、現在も続いている。墓地の管理を会の永続事業とし、ゲールツの業績を横浜市史に登録することを確約した。藤太郎が最後までゲールツ研究に執念を燃やしたのは、日本の衛生行政を確立した恩人であるとの意識が強く、畏敬の念を抱いていたからである。長い間、ゲールツの墓参を欠かさなかったことも、それを表している。

くすり資料館の創設に参加

薬史学研究が晩年の仕事にもなっていった。昭和四十五（一九七〇）年、エーザイ会長の内藤豊次は、

岐阜県羽島郡川島町（現・各務原市）のエーザイ川島工園内に建設した内藤記念科学振興財団の内藤記念会館にくすり資料館の設立を決めた（昭和五十二（一九七七）年六月十二日、くすり博物館に改称）。

設立委員の一人として藤太郎に依頼があった。しかし、すでに八十歳を優に超えており、体も不自由になってきたので、薬事日報社の吉井千代田、日本大学薬学科科長の木村雄四郎の二人に参加をうながし、主任を新潟大学附属病院薬剤部長の青木充夫に頼んだ。

吉井とは十数年にわたる知己の間柄である。日本薬学会の期間中に開かれた薬史学部会にはいつも二人で示し合わせて同じホテルに泊まって、深夜まで薬史学について論議した。吉井にとって藤太郎は忘年の友、師友であった。

木村は東京帝国大学の学生のとき、牧野富太郎が指導する東京植物同好会に毎月参加し、顔を合わせていた。大学三年生になって、朝比奈泰彦の指導でミンマ柴胡の生薬学的研究を卒業論文の一課題とし、研究資料として各地の柴胡を集めているときに藤太郎の世話になったこともある。

青木とは昭和三十七（一九六二）年以来の付き合いになる。平安堂薬局の職員旅行で佐渡を訪れたとき、古文書の評価を頼まれたのが初対面であった。そのとき、「軽々しく価値をうんぬんしては駄目ですよ。多くの資料を保存管理するよう心がけなさい」と諭した。旅行から帰って平安堂の職員と青木が一緒に写った写真を送ったとき、雑誌『薬局』に薬史学上の調査についての論文を投稿するようすすめたことがあった。青木は藤太郎を薬史学の師と仰ぎ、二十年間勤めていた病院を辞めて上京した。藤太郎は「やあ青木君、よく来た、よく来てくれた」と喜びを隠さなかった。この三人の協力が大きかった。

資料館の運営には財団理事の田辺普をはじめ、岡崎寛蔵、田端一作、田辺源三郎が当たることになっ

上：白川郷の合掌造りをモデルに建設された内藤記念くすり資料館（現・くすり博物館）。下：資料館設立時の関係者（左から３人目が内藤社長，右から２人目が藤太郎）。

た。建物は六階建てで、一、二階が大講堂、小会議室、三～六階に薬に関する資料が陳列され、図書館も併設された。

資料館のライブラリーは、藤太郎がこれまでに蒐集した和書三二三〇点、洋書六四七点の三八七七点のほかに、雑誌数千点、さらに自らが執筆した書籍など約六千点を中心に構成されることになった。薬局にちなんで「平安堂文庫」と名づけられ、資料は、薬学史、医学史、薬制、薬局経営、調剤学、和漢薬、漢方医学、化学、処方集、新薬、植物、日本薬局方、欧米の薬局方、家庭薬、諸学の辞典、薬に関する内外の雑誌、新聞などに分類して収められた。

昭和四十六（一九七一）年にはチェコスロバキアのプラハで開催された国際薬史学会に招かれ、当時、横浜日本赤十字病院薬局長を務めていた二男・正夫と、長男・不二夫の娘で薬剤師の美知子を連れて出席した。会期は二十一～二十四日の五日間で、九月十六日に羽田を発ち、アンカレッジ経由でコペンハーゲンに入り、プラハに向かった。カレル大学で行われた開会式に臨んだ。

正夫を連れて行ったのにはわけがあった。チェコスロバキアのマサリク大統領の誕生日と同じ日に生まれたので、大統領の名前にちなんでマサオと命名したことを墓前で一緒に報告したかったのである。九月二十四日に大会が終わった後、タクシーを頼んで、英語が話せるEugenie Blahova夫人に同行してもらい、プラハから約五十キロ離れたラーニーにある大統領公邸へ向かった。公邸を見た後、マサリク大統領が好んで散策していたマロニエが紅葉した並木路を歩きながら、四十三年前に二男が誕生して命名したときのことを思い出していた。百メートルほど歩くと共同墓地に着いた。門を開けて入ると、奥の右側に大統領の墓があった。石塔はなく、長さ三メートル、高さ一メートルほどの、横に長い土の小山に緑の木が植えてあり、四方が木の柵で囲まれていた。はなはだ質素な造りであるのは本人の遺志だという。そのとき藤太郎は、正夫と美知子と顔を見合わせた。花束を持って来なかったことに気がついたのである。日本と違って、墓地の周りには花などの供物を売っているところなどなかった。何も用意して来なかったことを悔やみながらも、通訳にも入ってもらって、墓前に四人が一列に並んで日本の神式に二礼、二拍手、一礼して参拝した。その夜は Klub Skolstvi で学会のサヨナラパーティーがあり、世界の著名な薬史学者らと会談でき、長く生きられたことを心の中で感謝していた。翌日、プラハを発ち、パリ、アムステルダム、ハンブルグで各国の薬局を訪ねて、十月二日に帰国した。

プラハでの国際会議に出席してから半年が過ぎた昭和四十七（一九七二）年夏、八十六歳のとき、東邦大学薬学部同窓会で各国の薬局、植物園を見学するツアーがあり、正夫を連れて参加した。ロンドン、コペンハーゲン、アムステルダム、ケルンを訪ねた。ドイツでは世界最大とも言える、ハイデルベルグ城内にある薬事博物館を訪ねた。四百年にわたり収集されたシュワルツバハ・ベネディクト修道院薬局、クノール社が収集した調剤室、薬草室、薬局容器、器具、十七〜十九世紀の薬局の実験室、ベルリンの薬局が年代順に陳列してあり、歴史の古さに参加者はため息をつくほどだった。

入口には薬に関するパンフレットが置いてあり、その中に日本人旅行者向けに日本語訳のものがあった。四十代の女性の参加者がパンフレットを手に取り、高く掲げて、「皆さん、気がつかれましたか。訳を書いているのはトータロー先生よ」と興奮気味に一行に声をかけた。

「先生が訳されたのですか」と三十代の参加者が尋ねると、藤太郎は「うん、うん、そうだよ」と笑ってうなずくだけだった。

藤太郎が翻訳して内藤記念くすり資料館が印刷し、博物館に寄贈したものだった。日本語訳のパンフレットの経緯を知り、一行は驚くと同時に、そんな教授に教育を受けたことを思うと感慨深いものもあった。

ケルンに着くと藤太郎は、四十年前にドイツ語を習っていたときに使っていた教材 *"Deutscher Fleiss"* の中の気に入って暗記した一節を思い出していた。しかし、ケルン大聖堂の実際の光景を見ると、覚えていた文章から想像していた情景とあまりにも違っており、裏切られた感じがした。

ヨーロッパ旅行から帰ると、前から進めていたアメリカ薬史学会発行の *"Pharmacy's Part in Society"* の翻訳を完成させて『薬学・薬局の社会活動史』のタイトルで南山堂から刊行した。八十七歳になっていた。この本を作るのには難儀した。目が覚束なくなり、虫眼鏡が手離せなくなっていた。細かい校正作業には時間がかかった。薬学、薬剤師の歴史、業績について幅広く執筆されたもので、藤太郎は原著を読み、何とか翻訳して世に出したいと思っていた。「薬剤師が専門的な知識や技術を進歩させるには、広い範囲の教養と技能を持つ必要があることを知らなければ、薬剤師、薬局の業務は全うできない」との一文に共感をおぼえたからである。著者のジョージ・ウルダング（George Urdang）はドイツ系ユダヤ人で、ライプチヒ大学で薬学を学んで薬剤師となり、西

藤太郎翻訳の日本人向けのドイツ薬事博物館案内パンフレット

プロシアの小都市Rosenbergの薬局を買い取って経営していた。その間、ベルリンの薬学雑誌などに論文を発表しているうちに、"*Pharmazeutische Zeitung*"誌の編集部に迎えられて、ベルリンで約二十年間、薬学雑誌記者として活躍した。ドイツ薬史学会を創設し、ドイツ薬局方の論文でベルリン大学から理学博士を授与された。不幸にもナチスに追われ、一九三四年、アメリカへ家族とともに移住し、ブルックリン大学薬学部を卒業してニューヨーク州の薬剤師国家試験に合格した後、アメリカ薬史学会を創立した。ウィスコンシン大学に薬史学講座が創設されると、初代教授に就任した。翻訳した本が出来上がって手にした藤太郎は、「日本の薬剤師が、世界の薬局、薬剤師の歴史をもとに人類、国家に貢献する姿勢で日頃から民衆に接してくれれば」と願った。

約五十年にもわたる調査研究の集大成『和漢薬索引』の刊行

八十九歳の誕生日を迎える五日前、藤太郎はかなり体力が衰えていたが、生涯をかけて独力で調査研究し、集大成した『和漢薬索引』を、昭和五十（一九七五）年三月二十五日付で内藤記念科学振興財団の助成により刊行することができた。藤太郎のライフワークと言えるもので、『神農本草経』、『南方草木状』、『新修本草』、『正倉院種々薬帳』、『延喜式』、第八改正までの『日本薬局方』など、和漢書百二部に収載されている本草、生薬を一つずつ調査研究し、考証した。常用名と異名を挙げ、その出典の巻数、ページを記載し、常用名を五十音順にした索引も作った。八六二ページにもなる大部の著で、「初めに」、「凡例」、時代順に「和漢薬の解説」（二十五ページ）、「第一部　和漢薬常用名の索引」（二百八十一ページ）、「第二部　和漢薬全漢字名の索引」（四百六十四ページ）、「第三部　和漢薬かな書常用名」（九十二ページ）から構成されている。漢字には漢音、呉音、慣用音、さらに唐音、また、日本語では訓音もあり、漢字で表示する和漢薬の索引は、同じ字が方々に現れてややこしい問題があった。そこで藤太郎は漢字の読み方をアルファベットのように一つにして、索引を作ることを思いついた。

この研究はほかの人にはできない、学界に大きく貢献する業績だが、採算が合わず、刊行を持ちかけてもしり込みする出版社がほとんどだった。しかし、この成果を埋もれさせることは薬学界の損失にもなることから、内藤記念科学振興財団の刊行助成候補に挙がった。昭和四十九（一九七四）年九月十四日、選考委員会が開かれて審査が行われた。事前に届けられた原稿には、薬名、出典、ページ数がびっしり書かれ、各ページは藤太郎の手垢と汗で黒光りしていた。全委員はその研究の歴史に感嘆し、厳正な審査の結果、満場一致で議決

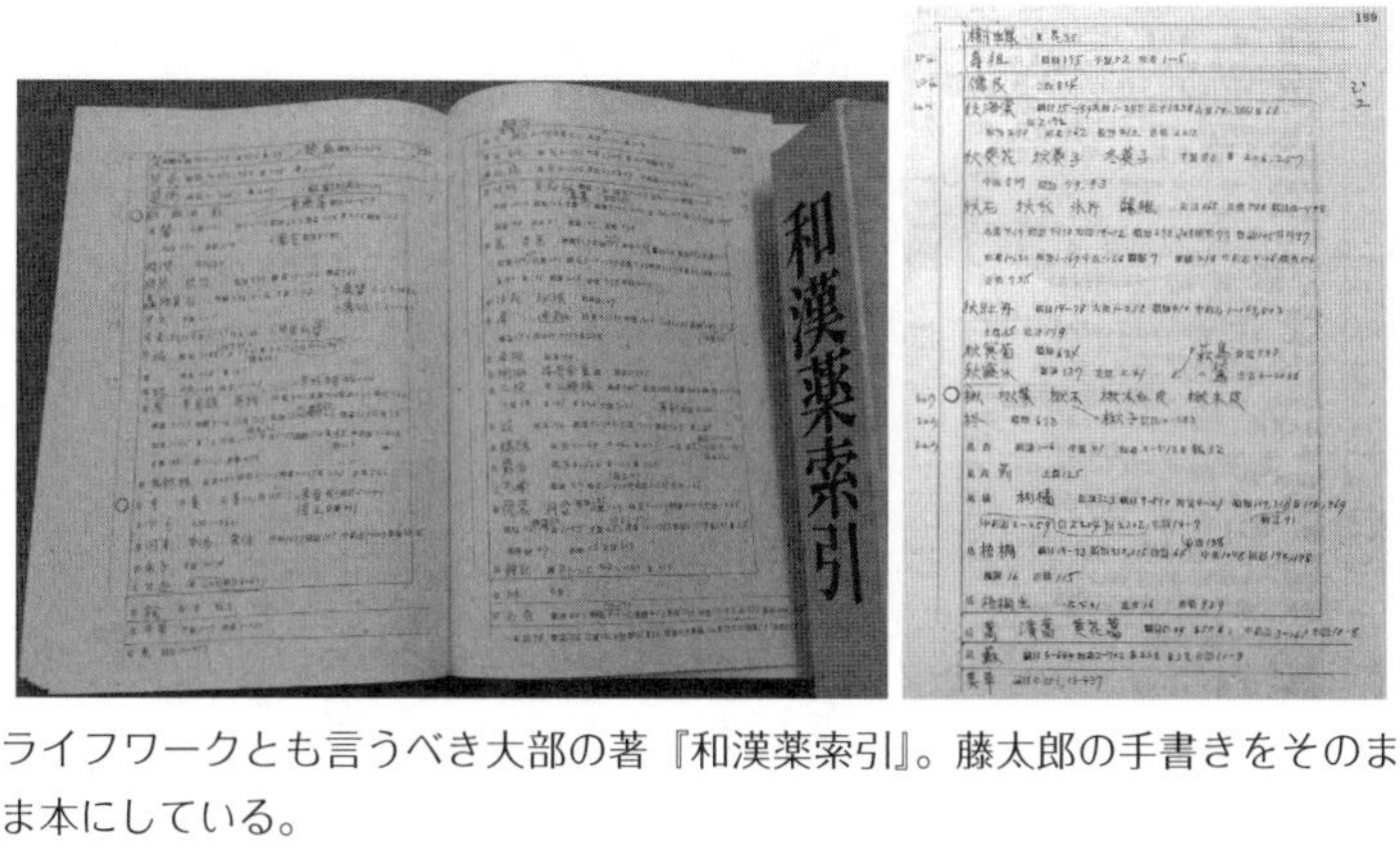

ライフワークとも言うべき大部の著『和漢薬索引』。藤太郎の手書きをそのまま本にしている。

されて助成金が贈呈された。

藤太郎は歩行が少し不自由になっていたが、贈呈式で喜びの声を伝えた。「和漢薬の名称というものは漢字で表示しますので、いろいろややこしい問題が出てくるわけです。漢字には漢音と呉音と慣用音とがあり、さらに唐音もあれば日本語には訓音もあり、とにかくいろいろたくさん使っております。ですから漢字の索引をこしらえようとしたら、同じ字が方々に現れてきます。そこで私は日本語で漢字を使う以上は、漢字をアルファベットのように見なして、読み方を一つだけにしたらどうかと考えたわけです。たとえば『白』という字は『ハク』とだけ読んで、バク、パク、ビャク、シロといった他の読み方は一切使わない。そしてそれらの読み方をする場合にはカナを使うようにすれば、非常に簡単に索引が引けるようになるというわけです」。

その前日にできたばかりの一冊を持参して、「外貌だけご覧ください」と聴衆に見せた。翌日の三月三十日に八十九歳を迎えるという藤太郎が、大きな声で話すその姿は、誰もが高齢者であるのを忘れるほどだった。原稿は横浜市の関内タイプ印刷社が印刷・製本し、校正作業などは清水一家が総出で当たった。発行所は藤太郎の意志で内藤記念くすり資料館とした。最後の書籍の出版となった。

心残りだったのが、戦時中、学会誌、専門・一般雑誌、新聞の中から薬に関する資料を抽出して英語、ドイツ語、フランス語、ラテン語で引けるようにした『薬学大辞典』の原稿を焼失したことだった。誰かが引き継いで世に出してくれればと思い、内藤記念くすり資料館の館長を務めていた青木允夫にさりげなく持ちかけたことがある。それを青木は忘れていなかった。後年、平成十三（二〇〇一）年、学芸員の野尻佳代子とともに『薬物名出典総索引』全三巻（CD-ROM付録）を完成させて発行し、墓前に供えた。浜松で印刷を開始したときに空襲に遭い、原稿を焼失してから五十六年が経っていた。

六月頃、体調を崩して横浜日本赤十字病院に入院した。姪の長尾富美子が仙台から駆けつけ、病床に一晩付き添ってくれた。そのようなことをしてくれたのは初めてのことだった。一か月後に退院し、自宅に戻っても相変わらず書斎に閉じこもり、机の前に座って、虫眼鏡を頼りにドイツ語の原著を読んだりした。

だいぶ痩せ、歩行も難しくなっていたが、学問への意欲は衰えなかった。訪ねて来る人には滋味をたたえた表情で、にこやかに接した。

初めて短詞も作った。「キリストのクスシとうとし水の色」（号：陳求蘭）。過去を振り返ると「なつかし」の方がしっくりくるとも思ったが、一～二か月も推敲し、「とうとし」に落ち着いた。平安堂と自らの歴史を記した『平安堂記』を作って、表紙裏にこの詞を書いて知人、薬局の職員、薬業関係者らに贈呈した。

昭和五十一（一九七六）年に入り、二月になると、

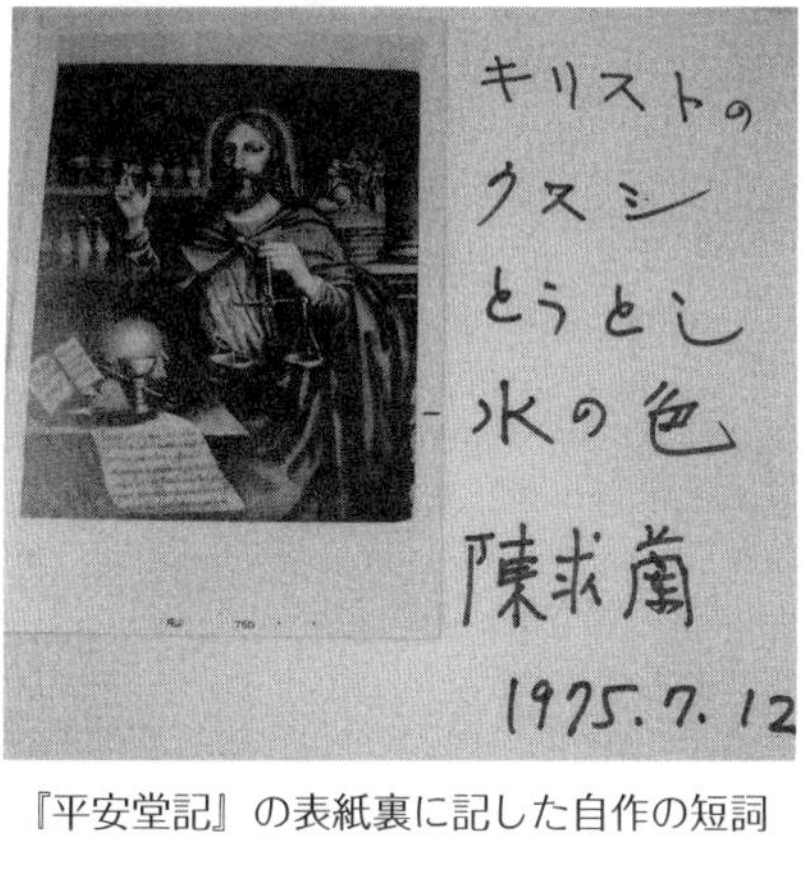

『平安堂記』の表紙裏に記した自作の短詞

藤太郎の遺志を引き継いで青木らが完成させた『薬物名出典総索引』

かなり衰弱していく。三月一日、薬学の巨人・清水藤太郎は、九十歳の誕生日を間近にしてその生涯を閉じた。「私は九十歳までは生きる、まだやりたいことがたくさんある」と言って、自分が作った年表には九十歳を超える日付が書き込まれていた。

家族が聞いた最後の言葉は、「貸した本を返してもらっておいてください」だった。

資料篇

清水藤太郎略歴

一八八六年（明治十九） 三月三十日、宮城県仙台で長尾喜平太の長男として生まれる。

一九〇二年（明治三十五） 家庭の事情から旧制中学を中退し、仙台医学専門学校薬学科（現・東北大学薬学部）教授・佐野義職の助手となる。

一九〇五年（明治三十八） 勤務しながら独学で勉強し、薬品営業並薬品取扱規則（「薬律」）下の薬剤師試験に合格。見習い調剤師として県立宮城病院（現・東北大学医学部附属病院）に勤務。

一九〇七年（明治四十） 佐野の推薦で神奈川県衛生技手に就任。薬事衛生行政に従事する。

一九一一年（明治四十四） 横浜馬車道で「上気平安湯本舗・紀伊国屋薬店」を経営していた二代目清水榮助に請われ、娘婿として養子に入る。

一九二九年（昭和四） 神奈川県薬剤師会会長に就任し、約二十年間務める。東京市大森にあった帝国女子医学専門学校薬学科教授に就任。調剤学、薬局経営学、薬学ラテン語などを講義。戦後、習志野に移転した新制東邦大学薬学部教授も務め、教授在任期間は四十年にわたった。

一九三二年（昭和七）　横浜優良品販売会（ハマユウ）を発足。

一九四〇年（昭和十五）　帝国学士院『明治前日本科学史』の薬物学史（薬物需給史）の分担執筆者に選ばれる。

一九四一年（昭和十六）　満州国薬局方調査臨時委員に選ばれ、二年間務める。

一九四六年（昭和二十一）　日本薬局方調査会幹事に選ばれる。

一九四八年（昭和二十三）　厚生省薬事審議会（現・中央薬事審議会）委員に選ばれ、薬事法改正後も務める。正倉院薬物調査に参加。翌年にも携わる。

一九五〇年（昭和二十五）　薬剤師のための雑誌『薬局』を創刊。

一九五一年（昭和二十六）　『日本薬学史』により東京大学から薬学博士号を授与、次いで藍綬褒章を受章。

一九五二年（昭和二十七）　国際薬史学アカデミー賞を受賞。会員に推挙される。

一九五四年（昭和二十九）　日本薬史学会を東京大学教授・朝比奈泰彦（初代会長）らとともに設立。幹事の一人として運営に携わる。

一九五六年（昭和三十一）　薬学審議会委員に就任。

一九六一年（昭和三十六）　日本薬局方七十五年記念式典で表彰される。

一九六二年（昭和三十七）　横浜文化賞（学術）を受賞。

一九六四年（昭和三十九）　勳四等瑞宝章を受章。

一九七一年（昭和四十六）　内藤記念くすり資料館（現・くすり博物館）に全蔵書を寄贈。薬局にちなみ、「平安堂文庫」と名づけられる。プラハで開催された国際薬史学会に出席。

一九七六年（昭和五十一）　三月一日、横浜日本赤十字病院にて逝去。享年八十九歳。勳三等瑞宝章を授与される。

主著

単著

『薬局方概論』日本薬報社、一九三二
『漢方薬物学』〈実験漢方医学叢書〉春陽堂、一九三四
『本草辞典』春陽堂、一九三五
『薬局経営及商品学』南山堂、一九三五
『調剤学概論』科学書院、一九三八
『国民保健と皇漢薬』新義真言宗豊山派宗務所教学部、一九三九
『漢方掌典』薬業往来社、一九四一
『国医薬物学研究』廣川書店、一九四一
『清水調剤学』科学書院、一九四二
『日本薬学史』南山堂、一九四九
『薬剤学』南山堂、一九五二
『薬局経営学』南山堂、一九五二
『日本薬学古書文献目録―日本薬学会七十五年記念―』日本薬学会、一九五四
『公定医薬品便覧―第六改正日本薬局方、第二改正国民医薬品集』南山堂、一九五六

『現代医薬品事典―日本薬局方・国民医薬品集―』南山堂、一九五七
『日本薬局方ハンドブック―第七改正日本薬局方第一部、第二部―』南山堂、一九六二
『薬局の漢方』南山堂、一九六三
『湯本求眞先生著皇漢医学索引』大安、一九六三
『漢薬典』平安堂薬局、一九六三
『和漢薬索引』内藤記念くすり資料館、一九七五

共編著

朝比奈泰彦、清水藤太郎『医薬処方語・羅和-和羅辞典』南江堂、一九二六
朝比奈泰彦、清水藤太郎『植物薬物・学名典範―科学ラテン・ギリシヤ語法―』春陽堂、一九三一
朝比奈泰彦、清水藤太郎『処方解説医薬ラテン語』南江堂、一九三二
牧野富太郎、清水藤太郎『植物学名辞典』春陽堂、一九三五
杉井善雄、清水藤太郎『薬学ラテン語』南山堂、一九三五
大塚敬節、矢数道明、木村長久、清水藤太郎『漢方診療の実際』南山堂、一九四一
清水藤太郎、不破竜登代『注解第六改正日本薬局方』南山堂、一九五一
日本学士院日本科学史刊行会『明治前日本薬物学史』第一巻、日本学術振興会、一九五七
清水藤太郎、清水不二夫『新しい薬局経営』南山堂、一九六二
清水藤太郎、清水正夫『日本薬局方便覧、第七改正第一-二部』南山堂、一九六六
大塚敬節、矢数道明、清水藤太郎『漢方診療医典』南山堂、一九六九
ジョージ・ウルダング著、清水藤太郎訳『薬学・薬局の社会活動史』南山堂、一九七三

その哲学―調剤の意義―

『清水調剤学』第二版（南山堂、昭和二十二／一九四七年）、「第五篇　調剤規範」より引用。
原文は旧漢字で書かれているが、ここでは新漢字に直した。ただし、言い回しは原文に沿った。

処方箋受付

第6章　処方箋を受けたときは患者に一礼し、椅子をすすめ、処方箋を一回通読しその裏を見、予定の時間及び交付方法等を告げ、番号札などの調剤票があればそれを患者に交付し、その番号を処方箋に記入し直ちに調剤室に入る。患者は常に不安を持っていて、多くは神経質であるから、患者の面前で処方を読む際、処方に疑点または不明の個所があっても、患者に些少たりとも不安を与えるような行為をしてはならない。患者は処方箋は、すべて完全で疑点のないものと信じているから、首をかしげたりすると読めないものと考える。この際ていねいに重々しく行動し、知人でも笑談を避けなければならない。

第7章　患者の質問にはていねいに答える。

第8章　調剤室では、患者の見えないところで処方を二回精読し、必要があれば参考書と引き合わせて全体を十分理解し誤りのないことを確かめた後、調剤に着手する。処方は初め個々の薬物に注意し、次に全体を通覧する。もとより全文を通読しないで調剤に着手してはならない。この際最も重視すべきは薬用量であって、薬剤師の注意により薬用量の誤りを発見し、患者の危害を未然に予防し、医師の名誉を保持したことは数知れない。即ち薬剤師は医師と患者の間にあって、両者の保護者たるの位置にあるものである。電話で来た処方はことに注意を要する。

第9章　処方箋に疑義あるときは、急がずゆっくり考えて同僚に相談し、または上席者の意見を徴し、その指揮を仰いで善処しなければならない。必要あれば処方医に照会する。照会は直接口頭、電話、文書をもって行い、使いまたは患者に依頼するときは、密封した書面で、文書は例文でていねいに書かなければならない。照会文の書きようで自己の真価を暴露することがある。この際疑義の内容は決して患者に語ってはならない。ただ時間のかかることをいって、少時の猶予を乞うだけにする。患者の宅に薬剤の配達を約して、いったん患者を帰宅させるのも一策である。照会を医師はあまり喜ばないで、多くは薬剤師の適切な処理を希望する。しかし患者の安全のために薬剤師は疑義照会の意義をよく理解しなければならない。

第10章　夜の客には、なるべく早くかつ快く応ぜよ。夜間調剤を求むるは患家といえども決して好ましいことではない。しかし例えば子、母、妻、夫、父等の急病で来るのであるから、自己を客の位置において考える必要がある。

調剤

1．調剤は受付の順にするを要する、「至急」の注意語あるときはこれを先にしなければならない、この場合外国には調剤料を倍額徴収の規定がある。

2．調剤は、むしろ神経質なほど清潔と整頓を旨とし、いやしくも不潔な動作をしてはならない。薬を服用するは何人でも決して愉快ではない。不潔は患者に甚だしい不快を感じさせるから、調剤者は自己の頭髪、服装等に注意するは勿論、手指の如きも常に清洗するを要する。

3．装置瓶を手に取ったときは、瓶を取ったときと、薬を量るときと、元へ戻すときと、少なくとも三度薬名箋を読まなければならない。秤量中は薬品の外観、軽重に注意し、不慮の誤薬を避ける。装置瓶に他薬の混在した場合は、たとえ他人の誤りでも、第一の責任は使用者に来たる。秤量を終わったときは再び念のため薬名箋を読んで、真否を確かめ原位置に復する。
4．処方箋の調剤中は、なるべく他の用事をしてはならない（電話、来客等）。薬局内にみだりに他人の出入りを許さない。
5．調剤が終わったとき、更に一回処方箋を通読し、薬品の誤脱秤量の過不足を想起する。誤謬あれば剤を捨て再製し、又ある薬品を入れたかどうか疑問があるときも再製しなければならない。まちがった薬を投与して名誉を失うよりも材料を損失した方が安い。
6．調剤は、手早く、入念にあわてずに行う。調剤の遅いのは知識または経験の不足によるか、多くは両方とも欠けているためである。
7．調剤はただ器械的ではいけない。油断なく研究的に注意深きを要する。誤りはその人に属し、その人の注意によってのみ避けることが出来る。
8．不明の点を人に聞くに憚ることなかれ。
9．調剤は常に静粛なるを要す。調剤中は私語雑談を禁ずる。又高声を発し、又棚越しに話しかけてはならない。患者はよく調剤者の一挙一動に注目しているものである。一流の薬局は静かなること林の如しである。

交付
1．交付は誤謬の発生しない様、極力注意を要する。交付を完了するときは、薬剤は既に患者の口に入ったも同然である。実に患者の病の運命は（一）処方箋交付時、（二）調剤交付時に定まる。
2．交付後薬剤に誤謬を発見したときは、迅速に適切な処置を講じなければならない。もし上席の者はあるときは直ちに申告し、善後策を講ずる。

藤太郎は、調剤の意義に関して次のように述べている。

調剤は不幸にして病魔に侵された同胞を救う業務であるから、薬剤師は（一）常に患者に同情を持ち（二）職務に忠実であって人の信頼を失わず（三）活発であって注意深く（四）敏速であって精密に行うの習慣を養わなければならない。患者は常に不安と疑念を有し、多くはわがままであるから、これに対するに冷静と好意と親切を以てしなければならない。薬剤師は常に注意して薬局内を整頓し、精良な薬品と、優秀な器具を準備し、以て完全な薬剤師たると同時に、薬局の声誉を増大に努むるを要する。業務が人の生命に関するものであるから、調剤そのものよりも責任が重大である。すべて薬剤師は薬局内における法律上（刑事的及び民事的）及び道徳上の責任を負う。欧米には「薬剤師憲章」"The Ethics of Pharmacy"というものがあって薬局業務を規制している。

当時、医薬分業とは名ばかりで、医師が交付した処方箋を患者が薬局へ持参し、薬剤師が調剤することはまれであった。藤太郎の描く完全医薬分業を背景とした調剤業務の理想像がいかに卓越したものであったか、驚きを感じる（現在は任意分業）。

参考文献

1 清水藤太郎『平安堂記』清水平安堂、一九七五
2 『漢方の臨床』第23巻第4号、一九七六
3 堀岡正義、金枝正巳『薬史学雑誌』第21巻第1号、一九八六
4 吉井千代田、水谷米『清水藤太郎博士の業績を偲ぶ』内藤記念くすり博物館、一九八六
5 『薬局』Vol.27 No.4、南山堂、一九七六
6 『薬局』Vol.37 No.1、南山堂、一九八六
7 清水不二夫『藤太郎追想録』、一九七七
8 『薬局』Vol.53 No.4、南山堂、一九五三
9 『薬局』Vol.54 No.12、南山堂、一九五四
10 『薬局』Vol.55 No.2、南山堂、一九五五
11 『薬局』Vol.55 No.11、南山堂、一九五六
12 『薬局』Vol.57 No.6、南山堂、一九五七
13 江本龍雄『薬史学雑誌』第21巻第1号、一九八六

14　青木允夫『薬史学雑誌』第21巻第1号、一九八六
15　『図説　横浜の歴史』横浜市市民局市民情報室広報センター、一九八九
16　厚生省医務局『医制百年史』ぎょうせい、一九七六
17　『横浜もののはじめ考』横浜開港資料館、一九八九
18　『追想 内藤豊次』エーザイ、一九七九
19　遠山茂樹、今井清一、藤原　彰『昭和史〔新版〕』岩波新書、一九九七
20　厚生省医務局『医制百年史』ぎょうせい、一九七六
21　矢数道明『明治一一〇年漢方医学の変遷と将来・漢方略年史表』春陽堂書店、一九七九
22　大塚敬節『漢方ひとすじ五十年の治療体験から』日本経済新聞社、一九七六
23　『衆議院会議録情報　第2回国会　厚生委員会』第六号、一九四八
24　『衆議院会議録情報　第2回国会　厚生委員会』第七号、一九四八
25　『衆議院会議録情報　第2回国会　厚生委員会』第八号、一九四八

あとがき

「あの先生は〝名医〟だ」という言葉は耳にするが、〝名薬剤師〟という表現はあまり聞かない。

清水藤太郎は、学問、技術、慈愛を備えたまぎれもない〝名薬剤師〟であった。横浜の馬車道で平安堂薬局を経営する傍ら、薬史学、薬剤学（調剤学）、漢方医学、薬学ラテン語、薬局方（法制）、薬局経営学、生薬学と多岐にわたる分野の研究で成果を上げている。学問のもととなる膨大な資料を収集し、評価しながら系統的に整理して、多くの優れた著書を執筆し、その数は百を超えている。そして、それらの書の何冊かは、薬の倫理思想を現代に伝えている。その業績が認められて帝国女子医学専門学校薬学科（現・東邦大学薬学部）に教授として招かれ、以後四十年間、研究、教育に携わったほか、薬事審議会委員、公定書小委員会委員なども務めた。

藤太郎は、明治十九（一八八六）年に仙台で生まれ、明治三十五（一九〇二）年に家庭の経済的な理由から旧制中学を三年で中退し、仙台医学専門学校薬学科（現・東北大学薬学部）の助手をしながら独学で薬学を学んだ。そこで佐野義職教授に出会ったことが、人生に大きな影響を与える。もし、この出会いがなければ、体格を見込まれて、大相撲力士の道を歩んだかもしれない。実際、幼少時に相撲部屋から誘われたという逸話も残されている。

学歴がないことへの反骨精神、学問への純粋な興味、飽くなき好奇心、徹底的に知ろうとする探究心が、市井の一薬局薬剤師を薬学者にまで育て上げた。周りは帝国大学出身者で占められる学問領域にあって、大学出身者ではないことを理由に圧力がかかることもあったが、それをものともせず、自らの信念のもと突き進み、大学出身者も及ばない業績を残している。まさに〝薬学の巨人〟であった。


藤太郎の原点は薬剤師であり、薬剤師、そして薬学の役割と使命は、人々の健康を助け、病に苦しむ人々を救うことであると考えていた。そしてその考えのもと、薬剤師の主業務である調剤について、独自の哲学を持っていた。

常に患者に同情を持ち、例えば、処方箋を受け付けたときは患者に一礼して椅子をすすめ、処方箋を一回通読し、その裏を見て予定の交付時間および方法を告げる。患者は多くの不安を抱え、神経質になっているので、処方箋に疑義や不明な点があるときでも、患者の目の前でそのような態度を示して心配させないようにする。調剤室では、患者の見えないところで処方箋を二度精読し、必要があれば参考書を引き、全体を十分に理解し、誤りのないことを確認した上で調剤する。まさに〝薬剤師道〟とも言えることであり、この精神は、『清水調剤学』としてまとめ上げた著書にも調剤規範として盛り込んだ。

学問は生かしてこそ価値があると信じ、それを薬局の経営にも活用し、早くから科学的な経営を目指した。

もはや生前の藤太郎を知る人は少なくなったが、その人物像は、温厚にして人を引きつけずにはいられないほど魅力的であったと口をそろえる。

苦労した人生を送り、十八歳のときに最愛の母親を亡くしたことや、慈しんだ長女が早くから病に伏し、夭折だったことも、その人格形成に影響しているかもしれない。いつも笑顔を絶やさず、薬局に来る患者、客に対して、愛しみの態度で応じた。大学者に負けない学問の実績を上げ、薬剤師道を極め、人には仁愛の心を信条として接した藤太郎は、まさに薬剤師の中の薬剤師と言えるだろう。学歴のハンディを乗り越え、飽くなき探究心と努力で薬剤師の自尊心と独自の学問領域を開いた藤太郎の人生に学ぶところは大きい。

（文中敬称略）

謝辞

執筆に当たり、清水藤太郎に関する資料、さらに、写真のすべてを快く提供してくださった平安堂薬局の清水良夫・真知両氏に感謝の意を表します。

また、藤太郎の仙台時代の資料の収集にご協力いただいた長尾肇氏、横浜の歴史に関してご助言をいただいた横浜外国人居留地研究会会長の齊藤多喜夫氏に深謝いたします。

最後に、本書の出版に多大なご苦労をいただいたみみずく舎／医学評論社編集部に心より感謝申し上げます。

著者紹介

天野《あまの》　宏《ひろし》

1946年，愛知県生まれ
東京薬科大学卒業，薬学博士（東京大学）
日本薬史学会評議員
専　門　薬史学
主な著作　『薬文化往来』（青蛙房），『横浜のくすり文化―洋薬ことはじめ―』（有隣堂），
『薬の倫理』（南山堂），『概説 薬の歴史』（薬事日報社），
『明治期における医薬分業の研究』（ブレーン出版），
『大正期における医薬分業の研究』（同），『昭和期における医薬分業の研究』（同），
『薬好き日本人のための薬の雑学事典』（講談社）

百瀬弥寿徳《ももせやすのり》

1946年，長野県生まれ
東邦大学薬学部卒業，医学博士（富山医科薬科大学）
東邦大学名誉教授，薬学研修スクールSTEP理事長，
日本アルコール・薬物医学会名誉会員
専　門　薬物治療学
主な著作　『薬物治療学』（朝倉書店），『疾患病態解析学』（同），
『疾病薬学』（みみずく舎／医学評論社），
『ファーマコセラピー―病態生理からのアプローチ―』〔訳書〕（ブレーン出版）

まず薬局へおいでなさい

――薬学の巨人 清水藤太郎

定価はカバーに表示

2014年10月30日　初版第1刷発行

著　者　天 野　宏
百瀬弥寿徳

発　行　株式会社 みみずく舎
〒169-0073
東京都新宿区百人町1-22-23 新宿ノモスビル2F
TEL：03-5330-2585　FAX：03-5389-6452

発　売　株式会社 医学評論社
〒169-0073
東京都新宿区百人町1-22-23 新宿ノモスビル2F
TEL：03-5330-2441（代）　FAX：03-5389-6452
http://www.igakuhyoronsha.co.jp/

印刷・製本：大日本法令印刷　／　装丁：安孫子正浩

ISBN 978-4-86399-268-9　C3047